AF452986

FACULTÉ DE DROIT DE PARIS.

THÈSE
POUR LE DOCTORAT

PRÉSENTÉE

PAR

FÉLIX-FERNAND-OCTAVE
PICERRON DEMONDESIR
AVOCAT A LA COUR IMPÉRIALE
Attaché au parquet de la Cour de Cassation

DE LA NOVATION

PARIS
IMPRIMÉ PAR E. THUNOT ET Cⁱᵉ
RUE RACINE, 26
1864

FACULTÉ DE DROIT DE PARIS.

THÈSE

POUR LE DOCTORAT

DE LA NOVATION

L'ACTE PUBLIC SUR LES MATIÈRES CI-APRÈS SERA SOUTENU

le mercredi **27 juillet 1864**, à **2 heures**,

EN PRÉSENCE DE M. L'INSPECTEUR GÉNÉRAL CH. GIRAUD,

PAR FÉLIX-FERNAND-OCTAVE

PICERRON DEMONDESIR

AVOCAT A LA COUR IMPÉRIALE,
Attaché au parquet de la Cour de Cassation.

PRÉSIDENT : **M. DURANTON,** professeur,

SUFFRAGANTS :
MM. ORTOLAN,
DEMANGEAT,
COLMET DE SANTERRE, } Professeurs.
GIDE, | Suppléant.

Le candidat répondra, en outre, aux questions qui lui seront faite
sur les autres matières de l'enseignement.

PARIS

IMPRIMÉ PAR E. THUNOT ET Cᵉ,

RUE RACINE, 26, PRÈS DE L'ODÉON.

1864

A MON PÈRE, A MA MÈRE.

DROIT ROMAIN.

DE NOVATIONIBUS ET DELEGATIONIBUS.

Liv. 46, tit. 2, D., liv. 8, tit. 42, C.

PROLÉGOMÈNES.

Les modes d'extinction des obligations dérivent du droit civil et du droit prétorien.

Il y en a qui agissent *ipso jure*, d'autres *exceptionis ope.*

Une obligation est éteinte *ipso jure*, lorsqu'il s'est produit un fait juridique considéré par le droit civil comme étant de nature à la faire disparaître. Les principales causes qui éteignent les dettes *ipso jure* sont : le payement, l'acceptilation, la novation, le mutuel

dissentiment mentionnés par les Institutes (1), aux-
quels on peut ajouter la perte de la chose (2), la con
fusion, et, dans l'ancien droit, l'extinction *per æs ei
libram* (3).

Il y a lieu à exception lorsque l'obligation, valable
selon le droit strict, est infirmée par le prêteur en vertu
de l'équité : de là les exceptions *doli mali, quod metus
causa, rei judicatæ, pacti conventi, jurisjurandi*, etc.

Sous le système formulaire, il est très-important de
distinguer les extinctions *ipso jure* de celles qui ont lieu
per exceptionem. Les premières ne peuvent être invo-
quées en tout état de cause que dans les *judicia bonæ
fidei ;* dans les *judicia stricti juris* les exceptions doivent être insérées dans la formule. Les causes de nullité ou d'extinction *ipso jure* éteignent un droit dans
la personne du créancier, n'en créent aucun dans la
personne du débiteur; les causes qui opèrent *per exceptionem*, sans annuler ni éteindre le droit du créancier, créent un droit dans la personne du débiteur; de
là un conflit qui paralyse le droit du créancier. L'exception est plutôt un obstacle à l'effet de l'obligation
qu'un moyen de l'éteindre, puisque le débiteur sera
inévitablement condamné si le juge ne trouve pas dans
la formule d'exception qui le protége.

On peut se placer à un autre point de vue pour distinguer les modes d'extinction des obligations. Les uns
sont généraux et peuvent s'appliquer à toute obliga-

(1) Inst., liv. 5, tit. 29.
(2) L. 25, L. 82, p. 1, *De verb. oblig.* (D., 45, 1).
(3) Gaius, Com. 5, p. 175

tion, quelle que soit sa nature et la manière dont elle
s'est formée ; les autres sont spéciaux et ne s'appliquent
que dans des cas particuliers. Ainsi le payement éteint
non-seulement les obligations formées *re*, mais encore
les obligations formées *verbis, litteris* ou *consensu;*
mais l'acceptilation qui a lieu *verbis* n'éteint que les
obligations nées *verbis*, et le mutuel dissentiment n'é-
teint que les obligations nées *solo consensu*. Il résulte
de ce qui précède qu'on ne doit donc pas trop généraliser cette règle de la loi 35, *De regulis juris : Nihil
tam naturale est quam eo genere quidque dissolvere quo
colligatum est* (1).

La novation a le même caractère de généralité que
le payement ; elle sert comme lui à éteindre toutes les
obligations, soit qu'elles proviennent *contractu, aut
quasi ex contractu, ex maleficio aut quasi ex maleficio,
omnes res transire in novationem possunt* (2).

Ulpien définit la novation la substitution d'une nouvelle obligation à une ancienne qui désormais est
éteinte : *Novatio est prioris debiti in aliam obligationem
transfusio atque translatio. Novatio a novo nomen accepit
et a nova obligatione* (3). Il résulte de cette définition
que la novation a un double effet: elle éteint une obligation, elle en crée une autre. Muhlenbruch a élargi
la définition de la loi 1. La novation est, suivant cet auteur, *prioris obligationis mutatio* (4); de là des divisions

(1) D., liv. 50, tit. 17.
(2) L. 2, *De nov* (D., 46, 2).
(3) L. 1, pr., *De nov.* (D., 46, 2).
(4) *Doctrina Pandectarum*, p. 474.

en novation volontaire, nécessaire, privative et modi—
ficative.

La novation volontaire est celle qui n'a lieu qu'en
vertu du consentement des parties. La novation nécessaire ou judiciaire résulte de la loi.

La novation privative est celle qui éteint la première
obligation pour la transformer; quant à la novation
cumulative ou modificative, c'est celle que nous avons
déjà nommée du nom de *nécessaire*. En effet, cette novation modifie la première obligation d'après le *prin-
cipium* de la loi 29, *De novat.*, c'est-à-dire en transpor-
tant plusieurs des effets de l'ancienne obligation,
caution, hypothèque à l'obligation nouvelle.

Faut-il accepter ce système et admettre, à côté de
la novation volontaire une novation nécessaire? Nous
savons que c'est un point très-contestable. Gaïus ne
dit nulle part que la *litis contestatio* opère novation, et
en outre les effets de la *litis contestatio* sont moins énergiques que ceux de la novation proprement dite; il y
a entre elles sur ce point une différence profonde. Cependant comme c'est là plutôt une question de mots
qu'une question d'un véritable intérêt juridique, nous
croyons qu'on peut admettre, sans grave inconvénient,
que la *litis contestatio* produit une espèce de novation,
si l'on veut une *novation imparfaite*.

Nous traiterons d'abord de la *novation volontaire*,
puis nous dirons quelques mots de la *novation judiciaire* ou des effets de la *litis contestatio*.

PREMIÈRE PARTIE.

I.

DE LA NOVATION VOLONTAIRE.

La novation volontaire pouvait s'opérer par le mode solennel de la stipulation ou par la *litterarum obligatio* et pour un cas spécial par la *dotis dictio*.

Elle pouvait intervenir : 1° *inter easdem personas*, le créancier et le débiteur restant les mêmes, et l'objet de l'obligation étant seul changé ; c'est la novation proprement dite ou réelle. — 2° *Entre le même créancier* et *un nouveau débiteur*. Ce genre de novation prenait le nom d'*expromission* ou de *délégation*, selon qu'un nouveau débiteur venait s'offrir spontanément ou en vertu d'un mandat donné par l'ancien débiteur. — 3° *Entre le même débiteur* et *un nouveau créancier*. Il ne suffisait pas pour cela de la volonté du nouveau créancier, il fallait de plus le mandat de l'ancien (1).

____

(1) Gaius. Com. 2, p 58.

Il pouvait y avoir à la fois changement de débiteur et de créancier : par exemple, lorsqu'un débiteur déléguait à son créancier son propre débiteur. Rien n'empêchait d'ailleurs de changer tous les éléments que nous venons de mentionner.

Nous allons, en traitant de la novation proprement dite, exposer d'abord les principes généraux applicables à toute espèce de novation ; puis nous nous occuperons en particulier de l'expromission et de la délégation.

SECTION PREMIÈRE.

De la novation proprement dite.

Cette novation a lieu par changement dans la dette. Ce changement peut porter : 1° sur l'objet de la dette, par exemple, si le débiteur promet *fundum pro decem quos spopondit.* — 2° Sur la cause de la dette : ainsi, je suis créancier en vertu d'une vente et je le deviens en vertu d'une stipulation.

Pour la validité de toute novation, il faut :

1° Une première obligation qui peut être novée ;

2° Une seconde obligation prenant la place de la première ;

3° La volonté de nover ;

4° La capacité des parties contractantes.

§ 1. De l'obligation qui peut être novée

Cette obligation peut n'exister qu'en apparence, et alors il est clair qu'il ne peut être question de novation. Cependant, si une stipulation a été faite pour nover une créance non existante, le promettant sera tenu en vertu des principes du droit strict; il y a obligation dès qu'il y a stipulation régulière. Mais, dans ce cas, le préteur accorde au promettant une exception de dol. C'est ce qui ressort clairement des textes (1). L'obligation ici est nulle *exceptionis ope*; il peut arriver qu'elle soit nulle *ipso jure*. Ainsi, je vous dis : *Promittisne id quod mihi Titius debet?* Si Titius ne me doit rien, la stipulation est nulle *ipso jure*, faute d'objet.

L'obligation qu'on veut nover peut être civile ou prétorienne, ou même simplement naturelle : *utrum naturalis, an civilis, an honoraria* (2). Peu importe, car les obligations naturelles peuvent servir de base à une novation, comme aux divers contrats accessoires de garantie, tels que la fidéjussion, la constitution de gage ou d'hypothèque.

Elle peut être à terme ou sans condition. Il peut y avoir novation même d'une obligation qui n'est que future. La novation d'une obligation à terme est possible même avant l'arrivée du terme, car son existence est certaine.

1) L. 7, *De doli mali et met. except.* (D., 44. 4); L. 2, p. 5, 4. *De donat.* (D., 39, 5).

2) L. 1, p. 1. *De nov.* (D., 46. 2).

Si la première obligation est conditionnelle, la novation sera conditionnelle aussi (1). En effet, c'est seulement au moment de l'arrivée de la condition qu'il peut être question de novation; jusque-là l'existence de la première obligation est incertaine et la novation manque de base. L'accomplissement de la condition produira le double effet de créer la première obligation et de lui substituer aussitôt la seconde. Mais pour que la novation puisse s'opérer, il faut que le débiteur soit encore capable d'être obligé au moment où arrive la condition. Ici se rattache la loi 14. p. 1, *De nov.*, où Ulpien cite une opinion de Marcellus qui a donné lieu à quelques discussions.

Marcellus enseigne que si le débiteur est déporté *pendente conditione*, la novation n'aura pas lieu malgré l'arrivée de la condition, parce qu'il manque une première obligation. Il résulte évidemment de cette loi que le déporté cesse d'être tenu même naturellement des obligations contractées par lui avant la *capitis deminutio;* sinon la novation serait possible, puisque l'obligation naturelle est susceptible de novation.

On oppose à cette décision deux textes qui semblent la contredire, d'abord la loi 2, p. 2, *De capit. minutis* (D., 5, 4): *Hi qui capite minuuntur, ex causis quæ capitis deminutionem præcesserunt manent obligati naturaliter.* Mais il est facile de concilier ce texte avec la loi 14. Marcellus a en vue un cas de *media capitis deminutio* et Ulpien un cas de *minima.*

---

1. L. 8. p 1 et L. 14. p. 1. *De nov.* D., 46, 2

Pour s'en assurer, il suffit de rapprocher le *princi-pium* de la loi 2 du § 2 que nous venons de citer : on y parle en effet des *capitis deminutiones quæ salva civi-tate contingunt*. Mais pourquoi *la media capitis deminu-tio* ne laisse-t-elle pas, comme *la minima*, subsister au moins une obligation naturelle ? C'est que la *media*, comme la *maxima capitis deminutio*, implique une con-fiscation (1) : or il serait injuste de laisser le débiteur dans les liens d'une obligation, alors qu'il est privé de ses biens (*exutus bonis*). Les créanciers sont d'ailleurs protégés contre le fisc par le principe d'équité : *bona non intelliguntur nisi deducto ære alieno*. Le fisc est donc tenu de payer les dettes.

Mais la *minima capitis deminutio* n'entraînant pas la confiscation, on comprend que ceux qui l'avaient en-courue pussent continuer à être tenus naturellement. Gaïus nous le dit dans son Com. 3, p. 84 : *Ipse quidem qui se in adoptionem dedit vel quæ in manum convenit maneat obligatus obligatave ;* et il ajoute que le préteur donnait contre eux une action utile *rescissa capitis de-minutione*, basée sur l'hypothèse fictive que la *capitis deminutio* n'avait pas eu lieu.

On oppose encore à la décision de Marcellus la L. 19, *De duob. reis const.* (D., 45, 2) : *Si aqua et igni inter-dictum est alicui, fidejussor postea ab eo datus tenetur.* Il s'ensuit, dit-on, que l'interdit et, par conséquent, le déporté, puisque leur position est identique (2), restent

<hr>

(1) L. 1, *De bonis damnatorum* (D., 48, 20).
(2) Inst., 1, 16, ¶ 2

tenus d'une obligation naturelle susceptible d'être cau-
tionnée. Nous répondrons, avec Pothier (1), qu'il s'a-
git, dans l'espèce, de deux codébiteurs solidaires, dont
l'un est *capite minutus* et l'autre reste capable, et c'est
ce dernier que fournit le fidéjusseur.

Il faut que l'objet de l'obligation n'ait pas peri *pendente conditione*. Cependant s'il a péri par la faute du
débiteur, l'obligation n'est pas éteinte, les dommages-
intérêts ayant pris la place de la chose périe (2).

Nous avons dit qu'on pouvait faire novation d'une
obligation future. La L. 8, p. 2, de notre titre nous en
fournit un exemple ; on voit que l'obligation destinée
à nover est la première en date et celle qui est novée
la seconde. c'est-à-dire que l'ordre naturel des obligations est interverti. Ulpien s'exprime ainsi : *Si quis
ita stipulatus a Seio sit, quod a Titio stipulatus fuero dare
spondes ? an, si postea a Titio stipulatus sim, fiat novatio, solusque teneatur Seius ? et ait Celsus novationem
fieri, si modo id actum sit ut novetur.*

Mais pour qu'une obligation future fût novée, la volonté des contractants devait être certaine. Aussi Ulpien nous dit-il, d'après Celse, qu'il faut se garder de
croire à la novation de l'action *judicati* par la caution
judicatum solvi, car le créancier a entendu simplement
recevoir des garanties, et non pas libérer le débiteur.

Plusieurs obligations peuvent être novées par une
seule stipulation. Par exemple, je stipule de la sorte :
Quod Titium et Seium mihi dare oportet id dari spondes ?

(1) Pand. de Pothier, *De duobus reis.* n° 7.
(2) L. 25 et 82. p. 1. *De verb. oblig.* (D., 45. 1).

Titius et Scius sont libérés tous deux quoique chacun
fût obligé pour une cause différente ; leur double obligation vient se réunir sur la personne unique du dernier promettant (1). D'ailleurs peu importe qu'on se
soit servi dans le corps de la stipulation de la conjonc-
tive *et* ou de la disjonctive *ou* ; la novation aura lieu
dans les deux cas. Ainsi il y aura novation, nous dit le
jurisconsulte Paul, si je stipule d'un tiers *quod te aut
Seium dare oportet* (2).

§ 2. De l'obligation qui prend la place de la première.

La seconde obligation peut être civile ou naturelle,
pure et simple, à terme ou sous condition.

Nous disons tout d'abord qu'il faut que la seconde
obligation existe au moins comme obligation naturelle
pour qu'il y ait possibilité de novation. Le § 3, *Quib.
mod. oblig. toll.*, aux Inst. (3), semble contredire cette
règle : *Licet posterior stipulatio inutilis sit, tamen prima
novationis jure tollitur ;* mais on ne doit pas l'entendre
en ce sens que toute obligation nulle absolument est
capable de nover ; en effet, le texte donne l'exemple
du pupille qui s'est obligé sans autorisation du tuteur
et semble considérer le pupille comme obligé naturellement. Nous retrouvons d'ailleurs la même hypothèse
dans la loi 1, p. 1, *in fine*, d'Ulpien, ainsi conçue :
*Dummodo sequens obligatio aut civiliter teneat aut natu-
raliter, ut puta si pupillus sine tutoris auctoritate promi-*

(1) L. 34, p. 2, *De nov.* (D., 46, 2).
(2) L. 32, *De nov.* (D., 46, 2).
(3) Inst., L. 3, tit. 29

serit. Aucune difficulté ne peut s'élever sur la règle en elle-même ; mais c'est une question très-controversée en droit romain que celle de savoir si le pupille qui promet dans une stipulation *sine tutoris auctoritate*, contracte une obligation naturelle. On trouve sur ce point au Digeste les textes les plus contradictoires, les décisions les plus diamétralement opposées (1). Il n'entre pas dans notre sujet d'examiner cette grave question qui a donné naissance à tant de systèmes divers. Nous croyons qu'il est impossible de concilier les textes divergents et qu'il est préférable d'admettre que les jurisconsultes romains étaient partagés sur ce point. Nous ajouterons que le désaccord des lois semble prouver l'extension de plus en plus favorable donnée au rescrit d'Antonin le Pieux. Ce prince accordait une action civile contre le pupille enrichi : on tendit dès lors à l'obliger naturellement même lorsqu'il ne se serait pas enrichi.

Le § 3, *Quib. modis oblig. toll.*, aux Inst., après avoir dit que la novation pouvait résulter de la promesse faite par un pupille non autorisé, ajoute qu'il en serait autrement de celle faite par l'esclave. Ainsi, dans ce cas, l'ancien débiteur reste tenu. Cependant l'esclave s'oblige naturellement ; cela résulte très-clairement de la loi 14, *De oblig. et act.* (D., 44, 7) ; sa pro-

---

(1) Dans le sens de la négative : L. 41, *De cond. indeb.* (D., 12, 6) ; L. 59, *De oblig. et act.* (D., 44, 7).

Dans le sens de l'affirmative : L. 3, p. 4, *De neg. gestis* (D., 3 5) ; L. 127, *De verb. oblig.* (D., 45, 1) ; L. 25, *De fidejuss.* (D., 46, 1) ; L. 95, p. 2, *De solut.* (D., 46, 3) ; L. 25, p. 1, *Quando dies legat.* (D., 36, 2) ; L. 2, pr., *De jure jur.* (D., 12, 2) ; L. 21, *Ad legem Falcidiam* (D., 35, 2).

messe peut être garantie par fidéjusseur (Inst. 3, 20,
p. 1; G., 3, p. 119); il peut être libéré par acceptilation (L. 8, p. 4, *De acceptil.*, D., 46, 4). Pourquoi donc
les Romains écartent-ils l'idée d'une novation quand
un esclave s'est porté *expromissor* dans le but de libérer quelqu'un (1)?

Généralement on donne l'explication suivante : l'esclave, à la différence du pupille, n'a pas de capacité
civile; il ne peut stipuler que *ex persona domini*; quant
à promettre, il ne le peut jamais, parce qu'il ne peut
rendre son maître débiteur (2). Il s'ensuit que la novation ne peut s'opérer (3).

Nous admettrons cette explication en ajoutant que,
selon nous, si l'esclave ne peut se porter *expromissor*,
ce n'est pas précisément parce qu'il ne peut promettre,
mais parce que sa promesse n'a pas l'efficacité suffisante pour nover; elle ne vaut pas à titre d'obligation
verbis. Gaïus nous indique bien que c'est par défaut
de forme que la promesse de l'esclave ne peut opérer
novation, puisqu'il assimile ce cas à celui du pérégrin
avec lequel on voudrait nover en employant la formule
toute romaine : *spondesne? spondeo* (4).

De même que l'obligation qui est novée peut être à

---

(1) Servius Sulpicius admettait comme valable la novation faite par l'esclave, mais Gaïus (3, p. 179) le contredit et se range à l'opinion contraire;
alio jure utimur.

(2) Par exception il peut se porter *expromissor* dans l'intérêt de son pécule, par exemple pour l'un de ses créanciers (L. 30, p. 1, *De pactis*, D.,
2. 14).

(3) MM. Ducaurroy, Ortolan, Étienne.

(4) M. Machelard, *Des obligations naturelles.* p. 165 et suiv.

terme ou conditionnelle, celle qui la remplace peut être soumise aux mêmes modalités. Si l'obligation est à terme, la novation aura lieu sur-le-champ, car il est certain que le terme arrivera. Si l'obligation est conditionnelle, la novation sera aussi conditionnelle : *non statim fit novatio, sed tunc demum cum conditio extiterit* (L. 14, pr.; L. 8, p. 1, *De nov.*). Dans le cas où la condition vient à défaillir, la novation ne s'étant point opérée, la première obligation continuera à subsister. Ce résultat, conforme aux principes rigoureux du droit, devait souvent contrarier l'intention des parties qui, en opérant novation conditionnelle, voulaient faire quelque chose de nouveau. Aussi Servius Sulpicius pensait-il que la première obligation était immédiatement novée par la seconde obligation conditionnelle (1). Son opinion était très-raisonnable en certains cas. Titius, après avoir stipulé l'esclave Stichus purement, le stipule sous condition ; il est naturel de supposer que la première obligation est éteinte, sans cela Stichus sera toujours dû, quoi qu'il arrive ; ou la condition se réalise, et Stichus est dû en vertu de la seconde obligation, ou elle ne se réalise pas, et il est dû en vertu de la première. L'intention des parties serait encore plus évidente si le créancier, après avoir stipulé 100 purement, stipule 500 sous condition ; les parties ont voulu faire un contrat aléatoire, il y a bien *aliquid novi*, et la novation doit être immédiate.

Gaïus était d'un avis contraire à celui de Sulpicius,

(1) Gaïus, Com. 3, p. 179.

mais il corrigeait la rigueur des principes par l'équité.
Il se demandait si, lorsque la condition ne s'est pas
accomplie, le débiteur ne pouvait pas repousser par
l'exception *doli* ou *pacti conventi* le créancier agissant
en vertu de la première obligation ; car, ajoute-t-il,
il semble qu'il a été convenu entre les parties que la
chose ne serait demandée qu'autant que la condition
de la seconde stipulation s'accomplirait. Dans un autre
texte, le même jurisconsulte refuse l'exception (1) ;
mais l'hypothèse est différente, car la promesse conditionnelle est faite par un nouveau débiteur. Ainsi il n'y
a pas contradiction entre les deux textes.

Si l'objet promis vient à périr sans la faute du débiteur, *pendente conditione*, la novation ne se produira
pas, puisque la seconde obligation sera sans objet ; il
en serait de même si, au moment de l'accomplissement de la condition, il n'y avait plus de promettant
capable, si le débiteur avait subi la *maxima* ou la
media capitis deminutio. Mais la mort du débiteur, sur-
venue avant l'arrivée de la condition, n'empêcherait
pas la novation de s'accomplir, car le patrimoine n'est
jamais sans représentant, et *hereditas personam defuncti sustinet* (2). Cette règle est cependant contre-
dite par deux textes : la loi 24, *De nov.* (46. 2 , qui dit
que l'hérédité *sustinet personam heredis*, et la loi 54,
De adq. vel omit. hered. (29, 2), qui, en accordant à

---

(1) L. 30, p. 2, *De pactis* (D., 2, 14).
(2) Inst., p. 2, *De hered. instit.* (2, 14) ; pr., *De stipul. servor.* 5, 17 ;
L. 54, *De acq. rerum dom.* (D., 41, 1) ; L. 51, p. 1, *De hered. inst* D., 28,
5 ; L. 116, p. 5, *De leg.* 1ᵉ (D., 50, 1).

l'adition d'hérédité un effet rétroactif, semble prouver que l'hérédité n'a jamais représenté la personne du défunt.

Nous adopterons l'explication la plus généralement suivie ; tout d'abord on écarte la loi 24 en y faisant une correction autorisée par la Vulgate. On y voit, en effet, le mot *ejus* placé immédiatement avant le mot *cujus*, ce qui donne un tout autre sens à la phrase et met le texte en harmonie avec les autres : *Stipulatio transit ad heredem ejus cujus personam interim heredi-tas sustinet.* Quant à la loi 54, toute correction est impossible, mais on peut l'expliquer comme présentant une dérogation au principe général. En effet, le *princ. De stip. servor.*, aux Inst. (3, 17), en posant le principe, ajoute *in plerisque*, ce qui indique des exceptions. Or, le cas où l'on fait exception est celui où l'esclave héréditaire stipule pour son maître futur. On avait admis la rétroactivité de l'adition, afin de permettre à l'héritier de profiter de la stipulation de l'esclave. C'est l'hypothèse de la loi 54 que les compilateurs par inadvertance ont donnée comme une règle générale. Ce qui le prouve, c'est que Florentinus, à qui est empruntée cette loi 54, poselui-même le véritable principe dans la loi 116, p. 3, *De leg.*, 1° : *Heredi-tas personæ defuncti qui eam relinquit vice fungitur.* Il avait évidemment en vue deux cas distincts.

Si le même créancier et le même débiteur stipulent de nouveau ce qui fait déjà l'objet d'un premier contrat verbal, la seconde stipulation n'emportera novation que s'il y a *aliquid novi*, par exemple, l'adjonction ou la suppression d'un *fidejussor* : *si fidejussor adjicia-tur aut detrahatur* (Inst. 3, p. 3, *quib. modis oblig. toll.*). Ces mots ont donné lieu à une difficulté.

En effet, à quoi bon faire cette nouvelle stipulation en tant qu'il s'agit d'un fidéjusseur. La plupart des auteurs répondent que ce paragraphe copié dans Gaïus, où il s'agissait d'un *sponsor* (p. 177, c. 111), a perdu toute valeur dans les Institutes de Justinien. En effet, le *fidejussor*, pouvant incontestablement accéder à l'obligation principale, même après sa formation, la novation dont parle le § 3 ne peut être qu'une nova-tion bénévole et inutile en droit. Au contraire, si on rétablit le texte de Gaïus tel qu'il est dans cet auteur, la phrase de Justinien aura un sens juridique, car le *sponsor*, dans la doctrine commune (cela résulte *a con-trario* du §. 3 *de fidejuss.* aux Inst. 3. 20), ne pou-vait accéder à l'obligation principale qu'au moment où elle se formait. Si donc on voulait plus tard conso-lider une dette par l'adjonction d'un *sponsor*, ou l'af-faiblir par sa suppression, il fallait un nouveau con-trat verbal.

Mais la différence qu'établit cette opinion entre le *sponsor* et le *fidejussor* est au moins contestable ; on peut combattre cette idée. Pour soutenir que les *spon-sores* pouvaient accéder à l'obligation principale même après sa formation, on se fonde sur le §. 123, c. 111 de Gaïus. D'après ce paragraphe, celui qui reçoit des *sponsores* doit annoncer à l'avance pour quelle affaire il se fait donner caution, et combien de *sponsores* il veut recevoir ; afin que ceux-ci sachent quels sont

ceux qu'ils pourront poursuivre, si l'un d'eux paye
seul toute la dette, et quelle est leur part contribu-
toire, la loi *Apuleia* ayant établi entre les *sponsores* et
les *fidepromissores* une société de plein droit. S'il n'a
pas fait cette *prædictio*, les *sponsores* peuvent dans les
trente jours intenter le *præjudicium ni prædictum sit*,
et se faire libérer. On en conclut que les *sponsores*
pouvaient s'obliger postérieurement au débiteur principal. En effet, s'ils s'obligeaient nécessairement au
moment même où celui-ci s'oblige, la *prædictio* qu'exige
le § 123, et le *præjudicium* auquel donne lieu l'omis-
sion de cette *prædictio*, n'auraient plus aucun sens.
A quoi bon, en effet, imposer au créancier l'obligation
stricte d'annoncer à l'avance le nombre des *sponsores*
qu'il veut recevoir, si ces *sponsores* doivent forcément
se voir et se compter eux-mêmes au moment du contrat ! Il y a mieux ; la fin du § 123 dit que cette même
prædictio était usitée dans le cas de *fidejussor : sed in
usu est, etiam si fidejussores accipiamus, prædicere.* Il
est vrai qu'il n'est pas contesté que le *fidejussor* pouvait s'obliger postérieurement à la formation de l'obligation principale ; mais, enfin, il résulte bien de la fin
du texte qu'au point de vue de la *prædictio*, on assimile les *fidejussores* aux *sponsores*. N'est-il pas vrai-
semblable qu'à l'inverse il faille assimiler les *sponsores*
aux *fidejussores*, quant au moment où se forme l'obligation ?

Du reste la question de savoir si l'adjonction ou la
suppression d'un *sponsor* opérait novation était controversée par les jurisconsultes, et Gaïus nous le dit :

*Sed quod de sponsore dixi non constat, nam diversæ
scholæ auctoribus placuit, nihil ad novationem proficere
sponsoris adjectionem vel detractionem.* Nous manquons
de documents sur cette controverse ; le paragraphe des
Institutes nous montre que Justinien s'était rangé à
l'opinion sabinienne.

La difficulté que nous venons de signaler, relativement à l'adjonction d'un *sponsor* ou d'un *fidejussor* ne
devait pas, selon nous, se présenter lorsqu'il s'agissait
de leur suppression. Comme ils ne pouvaient être sup-
primés d'après le droit civil que par une acceptation,
il nous semble que c'est toujours par ce mode d'extinction et non par la novation que s'éteindra nécessairement l'obligation principale.

§ 5. De l'intention de nover, avant Justinien.

Si nous étudions le droit des jurisconsultes, nous
arrivons, en parcourant les textes, à reconnaître qu'il
n'était pas nécessaire que l'intention de nover fût
expresse. Cette intention pouvait résulter des circonstances, des présomptions. Mais, à défaut de cette
intention, il y avait deux obligations, dont la seconde
venait s'ajouter à la première. La loi II de notre titre le
dit formellement : *Dummodo sciamus novationem ita demum fieri, si hoc agatur ut novetur obligatio ; cæterum, si
non hoc agatur, duæ erunt obligationes.* Ainsi après avoir
stipulé un fonds, j'en stipule l'estimation ; il y a là deux
stipulations indépendantes l'une de l'autre et pas de
novation. Elles sont si indépendantes que Papinien (1)

____

(1) L. 28, De nov. (D., 46, 2).

nous dit que les résultats obtenus par le créancier qui
les invoque l'une et l'autre peuvent être très-différents.
En effet, pour la première stipulation, on estimera le
fond d'après sa valeur, au moment de la *litis contestatio ;* pour la seconde d'après sa valeur au moment
même de la promesse.

La seconde stipulation pouvait être faite dans le but
de consolider l'ancienne. C'est ce que décide Scévola
dans l'espèce suivante : Un esclave chargé de gérer
les biens d'un absent prête de l'argent aux esclaves
d'un pupille ; le tuteur confirme cet emprunt, en promettant par stipulation que l'argent sera rendu. On se
demande s'il existe encore une action contre le pupille.
Le jurisconsulte répond en donnant contre le pupille
l'action de *in rem verso* et contre le tuteur l'action *ex
stipulatu : Respondi si cum in rem pupilli daretur, id in
rem versum est et quo magis actus servorum confirmare-
tur, tum spopondit posse nihilominus dici de in rem verso
cum pupillo actionem fore* (1). Une hypothèse à peu
près semblable se trouve dans la loi **VIII**, p. 5, *De
Novat.*

Les textes posent encore d'autres présomptions re-
latives à l'intention des parties. Ainsi la novation ne
doit pas être présumée, lorsqu'après avoir donné de
l'argent en *mutuum* sans stipulation, on fait ensuite la
stipulation ; Ulpien nous dit qu'il n'y a qu'un seul
contrat ; il en est de même si c'est la stipulation qui a
été faite la première, et suivie quelque temps après de

(1) L. 20, p. 1, De novationibus D., 13, 5.

la numération des espèces : *stipulationis implendæ gratia numeratio intelligenda est* (1).

C'est par suite de la même idée qu'on avait admis que les stipulations pénales n'opéraient pas novation ; et en effet il eût été absurde de faire tomber une obligation devant une seconde justement faite pour la consolider. Le stipulant sera libre de poursuivre son débiteur en vertu de la première obligation ou de la clause pénale ; mais comme en réalité la chose n'est due qu'une fois, il sera repoussé par l'exception de dol après avoir fait valoir l'un de ces droits ; il ne peut réclamer en vertu de la seconde action que ce qu'il n'aura pas reçu dans l'exercice de la première (2).

Notre principe que la stipulation pénale n'opère pas novation paraît être en contradiction avec la loi 44, p. 7, *De oblig. et act.* Le jurisconsulte Paul décide que quand on agit en vertu de la stipulation pénale, il s'opère une *quasi-novatio*. Comment résoudre cette difficulté ? Pothier (Pand. *De nov.* 21) dit qu'il y a novation dans la loi 44, parce que les parties ont manifesté l'intention de nover ; mais cette intention, dirons-nous, n'apparaît pas plus dans la loi 44 que dans les autres lois. Nous croyons que par ces mots *quasi-novatio* Paul a voulu dire seulement que le créancier ne peut pas avoir en même temps l'objet de l'obligation et la peine stipulée ; il ne s'opère pas une véritable novation : le mot *quasi* l'indique suffisamment.

---

(1) L. 6, p. 5 : L. 7, De nov. (D., 46. 2).

(2) L. 28, D. ad l. compt. (D., 19. 1) : L. 11, L. 72, L. 71, Pro socio L. 17, 2.

Il s'ensuit que si on agit d'abord en vertu de la stipulation pénale, il y aura lieu à imputation sur la première obligation si celle-ci est plus considérable que la peine. Cette explication est celle de Voët (1).

Il est certains cas où la question de savoir si la seconde stipulation produit ou non novation n'est pas douteuse ; par exemple, lorsqu'on stipule d'un tiers ce qu'on n'aurait pas pu obtenir de son débiteur (2). Ce tiers a été appelé par les commentateurs *fidejussor indemnitatis* : son obligation est conditionnelle ; il ne peut être poursuivi qu'autant que le débiteur principal ne payera pas. Il est bien évident que le créancier n'a pas voulu nover, mais acquérir une garantie nouvelle. Ce tiers diffère du fidéjusseur ordinaire en ce que ce dernier ne peut plus être actionné, lorsque le créancier a agi contre le débiteur principal, tandis que lui n'a à redouter les poursuites que lorsque ce débiteur principal n'a pu payer entièrement le créancier.

A l'inverse, il y a des cas où l'intention de nover est évidente. Ainsi je stipule de quelqu'un à qui j'avais donné mandat de gérer mes affaires, qu'il gardera, à titre d'emprunt, la somme qu'il a recueillie pour moi ; l'obligation *ex mutuo* remplace l'obligation née du mandat (3). Il en serait de même si, après avoir loué une chose, je convenais avec le propriétaire de la détenir à titre de précaire (4).

1) Voët, Pand., *De nov.*, n° 4.
(2) L. 6, pr., *De nov.* (D., 46, 2,) ; L. 116, *De verb. oblig.* (D., 45, 1.
(3) L. 15, *De rebus creditis* (D., 12, 1.
(4) L. 10, pr. *De adq. vel amit. possess.* D., 41, 2.

En résumé, à l'époque classique, il suffisait, pour qu'il y eût novation, que l'*animus novandi* fût indiqué par les circonstances.

On trouve au Digeste quelques textes qui parlent de la nécessité d'une déclaration expresse de volonté, mais il n'en faut pas conclure que cette nécessité existait avant Justinien. Ces textes ont été mis en harmonie avec la législation nouvelle à l'aide d'interpolations. Ainsi la loi 58 *de verb. oblig.*, D. 45. 1, et la loi 31, p. 1 *de nov.* ont été évidemment modifiées par Tribonien.

Depuis Justinien.

Ce système était mauvais, car il donnait naissance à des questions d'interprétation souvent fort difficiles à résoudre, fort embarrassantes pour le juge. Aussi Justinien, dans *la loi ult. au code De nov.* (1), posa-t-il un principe salutaire en exigeant que l'*animus novandi* résultât de termes exprès : *nisi ipsi specialiter remiserint priorem obligationem et hoc expresserint, quod secundam magis pro anterioribus elegerint.* La constitution paraît très claire et cependant elle a soulevé de vives controverses. Un assez grand nombre d'auteurs ont soutenu qu'il ne fallait pas prendre à la lettre la loi précitée, et que l'intention de nover pouvait, même après sa promulgation, s'induire de termes équipollents ou même des circonstances. Voët ad Pand., *de Nov.* p. 3, Muhlenbruch, *id.*, p. 475, M. Étienne

---

(1) L. 28, Liv. 8, tit. 42, au Code.

(Inst. expliquées) professent cette opinion. Ces auteurs
se basent sur ces mots de la loi 8 *in fine* : *voluntate solum,
non lege novandum* qui paraissent vouloir dire que ce
n'est pas à des décisions rendues à l'avance qu'il faut
s'en rapporter, mais à la volonté des parties. En effet,
dans l'ancien droit, dit-on, dans les cas hypothétiques,
intervenaient fréquemment des décisions et des décrets
impériaux qui, bien que n'ayant qu'une autorité rela-
tive, étaient ensuite invoqués dans des cas analogues.
Justinien, par sa constitution, défend aux magistrats
de présumer la novation. Il nous semble que cette interprétation est inadmissible ; car nous ne pouvons
croire que l'empereur ait voulu détruire, à la fin de sa
constitution ce qu'il avait établi au commencement ;
d'autant plus que les difficultés qui s'élevaient dans
l'ancien droit auraient subsisté. Or Justinien dit qu'il
veut *resecare veteris juris ambiguitates.* Il est évident
qu'il veut faire cesser les doutes en ordonnant la mention expresse de l'extinction de la première obligation.
La novation aura lieu désormais *ex voluntate*, d'après
la volonté manifestée par les parties et non par l'effet
de la loi. C'est ainsi que Perezius entend la Const. 8 (1).
Vinnius dit dans le même sens : *Et potius est ut dica-
mus Justinianum eas duntaxat conjecturas tollere voluisse,
quas in universum veteres constituerant.* Et, en effet,
quel serait, sans cela, le but de la loi 8. Cette idée,
d'ailleurs, ressort clairement de ce passage des Institutes : *Nostra processit constitutio quæ apertissime de-*

1 Perezius, *Præl.* n° 12; Vinnius, Inst. *De*...

finivit, tunc solum novationem fieri, quotiens hoc ipsum inter contrahentes expressum fuerit, quod propter novationem prioris obligationis convenerunt; alioquin et pristinam obligationem et secundam ei accedere. Ce système est le plus généralement suivi (1).

§ 4. Des personnes qui peuvent nover.

La novation, pour être valable, a besoin d'une dernière condition, nécessaire, du reste, à la formation des contrats en général : la capacité des parties contractantes. Cherchons donc les personnes capables et celles qui ne le sont pas. A cet égard, nous distinguerons celles qui stipulent à l'effet de nover de celles qui promettent dans le même but.

Parlons d'abord des stipulants. La règle générale en cette matière nous est indiquée par la loi 10 de notre titre ainsi conçue : *cui recte solvitur is etiam novare potest.* Mais nous verrons que ce principe est beaucoup trop général.

En tête des personnes capables se trouve le créancier qui peut nover de même qu'il peut recevoir un payement ou faire une acceptilation. Si l'administration de ses biens lui est enlevée, les personnes qui le représentent légalement le remplaceront. Ainsi le tuteur fera novation de la créance de l'impubère, le curateur de celle du furieux ou du prodigue, pourvu que l'opération soit avantageuse aux incapables.

A côté des tuteurs et curateurs que la loi désigne

(1) MM. Ducaurroy, Ortolan, de Fresquet

pour administrer la fortune d'autrui, nous placerons
les mandataires nommés par la volonté du créancier :
le *procurator in rem suam* (1), c'est-à-dire celui à qui
le créancier a cédé une créance : il jouit de toute
liberté dans ses actions, n'ayant de comptes à rendre
à personne; le *procurator omnium bonorum* (2), le mandataire chargé d'un mandat exprès à l'effet de nover,
puisqu'il ne fait qu'agir par l'ordre du créancier (3).

A cette énumération nous ajouterons les fils de
famille et les esclaves qui ont la libre administration
de leur pécule; ils peuvent nover les créances comprises dans ce pécule pourvu que la novation n'ait pas
lieu *animo donandi* (4). En effet, la libre administration,
si large qu'elle soit, n'autorise pas les libéralités.

Toutes les autres personnes ne peuvent nover,
parce qu'elles agissent sans la volonté du créancier;
or il n'est permis à personne de rendre plus mauvaise
la position d'autrui. Nous trouvons ici des exceptions
au principe que celui qui peut recevoir un payement
peut nover. Ainsi l'*adjectus solutionis gratia* qui a pour
seule mission de recevoir un payement, ne peut faire
novation de la créance (5). Ce sont, en effet, choses
bien différentes que recevoir un payement et nover :
dans le premier cas on obtient la réalisation complète
de son droit; dans le second au contraire on ne

(1) L. 15, p. 1, *De pactis* (D., 2, 14).
(2) L. 20, *in fine*, *De nov.* (D., 46, 2).
(3) Pauli Sent., L. 5, tit. 8.
(4) L. 48, p. 1, *De peculio* (D., 15, 1); L. 54, pr., *De nov.* (D., 46, 2).
(5) L. 10, *De nov.* (D., 46, 2). Il en est de même du mandataire nommé
ad exactionem tantum C., 4, *De nov.* : Code, 8, 42).

reçoit qu'une créance soumise à toutes les éventualités
de la fortune du débiteur. L'*adjectus* doit donc se ren-
fermer strictement dans les termes de son mandat. Lui
reconnaître le droit de nover, c'eût été lui donner le pouvoir exorbitant de compromettre la position du créancier, puisque la novation éteint tous les accessoires de
la première dette.

C'est par le même motif que ceux qui sont sous la
puissance d'autrui ne peuvent pas nover. Ainsi le fils
de famille qui peut recevoir le payement des sommes
par lui prêtées n'a pas pour cela le pouvoir de faire
novation. De même l'esclave ne peut pas nover une
obligation de son pécule sans le consentement de son
maître, quoiqu'il eût pu en recevoir le payement.
L'esclave qui stipule *animo novandi* acquiert plutôt
une nouvelle créance qu'il n'éteint l'ancienne (1).

Sont aussi privés du droit de nover : les pupilles
sine auctoritate tutoris (2). Si le pupille ne peut nover,
c'est qu'il ne peut aliéner l'ancienne créance. Cependant comme il peut acquérir une créance sans autorisation, le nouveau débiteur sera tenu et le pupille
aura deux créances au lieu d'une. Mais il y aurait
iniquité à permettre au pupille d'exiger deux fois la
même chose ; aussi le juge ne condamnera le débiteur
à payer la première créance qu'autant que le demandeur l'aura par acceptilation libéré de la seconde (3).
Nous dirons la même chose du prodigue interdit et

(1) L. 25, 16, *De nov.* (D., 46, 2).
(2) L. 20, p. 1, *De nov.* (D., 46, 2).
(3) L. 9, *De nov.* D., 46, 2.

du mineur de vingt-cinq ans qui aurait nové *sine consensu curatoris*, à moins qu'ils ne rendent par là leur condition meilleure (1).

Nous ajouterons que la novation faite par une personne qui n'a pas reçu pouvoir de la faire devient valable par la ratification : *ratihabitio mandato æquiparatur* (2).

Nous avons réservé une question très-controversée sur la solution de laquelle deux jurisconsultes romains paraissent en complète contradiction. Il s'agit de savoir si un *correus stipulandi* peut faire seul novation de la créance commune et si cette novation peut nuire aux autres. Paul semble soutenir la négative dans la loi 27 *de pactis* (3); il s'exprime ainsi : *nam nec novare alium (ex argentariis sociis) quamvis ei recte solvitur. Idemque in duobus reis stipulandi dicendum est.*

Venuleius au contraire dit dans la loi 31, p. 1, de notre-titre : *si unus ex duobus reis stipulandi ab aliquo stipuletur, novatione quoque liberare debitorem ab altero poterit, cum id specialiter agit.*

Quelques interprètes font une distinction. Suivant eux, il faut appliquer la loi 31, p. 1, lorsque les *correi stipulandi* ne sont pas *socii*, parce qu'en l'absence de toute société, l'un d'eux a le droit de disposer de la créance, il n'a pas de comptes à rendre; s'ils sont

(1) L. 3, De nov. (D., 46, 2); L. 7, p. 2 De Minoribus XXV annis (D., 4, 4).
(2) L. 22, De nov. (D., 46, 2).
(3) L. 27, De pactis (D., 2, 14).

socii, c'est la loi 27 qui produira son effet, car, dans ce cas ils sont censés être à l'égard les uns des autres des mandataires spéciaux pour recevoir. Cette distinction doit être repoussée ; les termes qu'emploie Venuleius sont trop généraux pour faire croire à son existence. Il existe cependant une différence entre les deux cas ; elle consiste en ce que, s'il y a société entre les cocréanciers, et si l'un d'eux éteint la créance commune par acceptilation ou novation, l'autre lui demandera par l'action *pro socio* l'intérêt qu'il avait à ce que cette extinction n'eût pas lieu ; tandis que s'ils ne sont pas associés, il n'aura aucun recours.

Voici maintenant une seconde explication. La loi 27 *De pactis* n'est pas en contradiction avec la loi 31, p. 1, *De nov.* En effet, Paul ne s'est pas préoccupé de la question de savoir si l'un des banquiers pouvait ou non nover ; il a voulu seulement établir qu'il ne pouvait pas faire un pacte *de non petendo* au préjudice de ses coassociés bien qu'ayant le droit d'exiger la totalité de la dette. A partir des mots *idem Labeo* jusqu'à *quod est rerum*, c'est Labéon qui parle en termes très-généraux et Paul se saisit de sa pensée pour justifier son opinion qui, au premier abord, peut paraître singulière.

Labéon dit, en effet : On voit souvent des personnes avoir le droit de recevoir un payement et ne pouvoir nover ; telles sont les personnes soumises à la puissance d'autrui, auxquelles on peut valablement payer ce qu'elles ont prêté, quoiqu'elles ne puissent nover. Le jurisconsulte tire cette conséquence qu'on ne peut pas nécessairement faire résulter du droit de recevoir un payement le droit de faire remise, puisqu'il y a des personnes qui peuvent recevoir un payement et ne peuvent pas nover : or la novation est moins grave que la remise. Après ce raisonnement sur le pacte *de non petendo*, Paul ajoute : il faut en dire autant des *corroi stipulandi*, c'est-à-dire que le pacte de remise fait par l'un d'eux ne peut être opposé aux autres. Quant à la novation, il n'en a été parlé qu'incidemment pour venir à l'appui de ce qui était dit touchant le pacte *de non petendo*.

Dans ce système, les mots *nec novare alium possit*, ne veulent pas dire que l'un des créanciers ne peut pas faire novation, mais qu'un individu quelconque pris abstractivement peut n'avoir pas la faculté de nover, quoiqu'ayant celle de recevoir le payement. Cette ingénieuse explication, que nous préférons de beaucoup à la première, se trouve dans Voët (1).

Quelques auteurs repoussent ce système qui leur semble forcer le sens de la loi **27** et croient plus raisonnable d'admettre ici une antinomie : nous sommes aussi de cet avis. Cependant tout le monde reconnaît que l'opinion de Venuleius est plus conforme aux principes ; il y a, en effet, quelque chose de bizarre à permettre à un *correus* d'éteindre le droit des autres *corroi* par une acceptilation et de ne pas pouvoir l'éteindre par la novation à laquelle le droit civil attache aussi les effets du payement. Cujas, qui admettait l'antinomie, disait cependant : *multœ et magnœ rationes*

______

(1) Voët. Pand., *De duobus reis*, n° 5.

Venuleii nos perduxerunt in suam sententiam (1).

Les règles du droit ne sont plus aussi restreintes quand il s'agit des promettants ; il n'est pas nécessaire que le promettant s'oblige civilement ; il suffit qu'il puisse s'obliger naturellement. C'est ainsi que dans la loi 1, nous avons vu qu'une obligation civile pouvait être novée par l'obligation naturelle du pupille. La loi 20, p. 1, de notre titre. paraît donner une solution contraire, mais on peut l'expliquer facilement : en effet, elle envisage le pupille sous l'aspect de créancier et non sous celui de débiteur, comme la loi 1, p. 1. Si on avait permis aux incapables de faire novation en stipulant, on aurait admis un principe dangereux ; c'était les exposer à compromettre leurs intérêts en éteignant leurs créances. Mais on pouvait sans danger leur permettre de jouer le rôle de promettants, puisque, par ce fait, ils rendaient leur condition meilleure, et remplaçaient l'obligation civile dont ils étaient tenus par une obligation naturelle. Nous établirons en règle générale que toute personne pouvait nover en promettant. Il faut appliquer ici les règles du payement. *Solvere pro ignorante et invito cuique licet* (2). Car la novation n'est qu'une espèce de payement, puisque, comme lui, elle satisfait le créancier. Aussi un tiers pouvait nover une dette malgré le débiteur, en promettant de payer ce que celui-ci devait.

(1) V. M. Demangeat, *De duobus reis*, p. 507 et suiv.
(2) L. 55 et 91, *De solut.* (D., 46, 3)

§ 5. Des effets de la novation.

La novation, avons-nous dit, est la substitution d'une seconde obligation à une première. Il y a donc à la fois extinction d'un droit ancien et création d'un droit nouveau.

Quels sont les effets de l'extinction de la première obligation ? Un effet naturel est tout d'abord la libération des cautions. La loi 60, *de fidejuss.*, 46. 1, nous le dit : *Cum vero genere novationis transeat obligatio, fidejussorem aut jure aut exceptione liberandum*. En d'autres termes, les fidéjusseurs qui avaient cautionné la première obligation ne peuvent être regardés comme garantissant la seconde qu'autant qu'ils ont bien voulu y accéder. Cette explication est rendue parfaitement admissible par une constitution de l'empereur Antonin Caracalla, qui forme la C. 4 au C. *de fidejuss.* (8. 41). L'empereur ne parle que de la novation par changement de débiteur, mais, pour être logique, il faut, selon nous, étendre la même règle aux autres cas de novation ; du moment que l'obligation principale est éteinte, quelle que soit la raison de l'extinction, le fidéjusseur doit être libéré.

A côté des fidéjusseurs, il peut y avoir d'autres garanties, telles qu'un gage ou une hypothèque. Ces accessoires périssent, mais l'hypothèque peut, malgré la novation, continuer à subsister, lorsque telle est la volonté des parties. On appliquera la règle générale d'Ulpien contenue dans la loi 11, p. 1, *De pigner. act.* D. 13. 7. Le créancier, dans ce cas, conservera son

rang hypothécaire. Mais que décider dans l'espèce
suivante? Une chose hypothéquée à Primus l'a été ensuite à Secundus, puis une novation avec réserve des
hypothèques est intervenue entre Primus et son débiteur ; comment faudra-t-il régler la position des deux
créanciers hypothécaires? La réponse nous est fournie
par Papinien (1) : le premier créancier est censé se
succéder à lui-même, par conséquent sa position n'a
pas dû changer. Mais s'il devient, par suite de la novation, créancier pour une somme plus forte que celle
qui lui était due primitivement, il ne sera préféré au
second créancier sur le prix de vente de la chose hypothéquée que jusqu'à concurrence de l'obligation primitive. S'il en était autrement, on violerait les règles
de l'équité, et la novation viendrait empirer injuste-
ment la position du créancier postérieur (2).

Les priviléges attachés à certaines créances s'éva-
nouissent. Ainsi nous voyons dans la loi 29 que la
femme perd son *privilegium dotis* si, après le divorce,
elle stipule avec intention de nover ce qui lui était dû
par son mari. De même le pupille qui stipule après sa
puberté ce qui lui était dû par son tuteur, perd le *privilegium* pour le reliquat de son compte de tutelle.

Les intérêts cessent de courir : *usuræ non currunt,*
dit la loi 18. On comprend que les intérêts ne peuvent
plus être dus dès que le capital a cessé de l'être ; mais
il ne s'agit, bien entendu, que des intérêts à échoir;
ceux échus lors de la novation seront toujours dus,

(1. L. 5, pr., *Qui potiores in pign.* (D., 20, 4).
(2) L. 12, p. 5, et L. 20, *Qui pot. in pign.* (D, 20, 4).

puisqu'ils sont devenus capital à leur tour. La clause
pénale disparaît aussi avec la créance dont elle n'est
que l'accessoire ; mais les parties peuvent convenir que
la peine subsistera et viendra s'adjoindre à la nouvelle obligation.

Quels sont les effets de la novation quant à la demeure ? On entend par demeure le retard injuste apporté par le débiteur à l'exécution de son obligation.
La novation produit un effet très-avantageux pour le
débiteur négligent, car elle purge la demeure dans
laquelle il se trouve : *si Stichum dari stipulatus fuerim
et cum in moram promissor esset quominus daret, rursus
eumdem stipulatus fuero ; desinit periculum ad promis-
sorem pertinere, quasi mora purgata* (1).

Le même résultat se produisait dans le cas de novation conditionnelle ; c'est ce que nous dit Ulpien
dans la loi 14, pr., *De nov.*, d'après l'opinion de Marcellus (2), et Pothier explique très-bien cet effet par
ces simples mots : *Quia debitor satisfecit creditori*. Le
créancier n'a pas demandé le payement, mais il a
demandé quelque chose d'équivalent : la novation. Il
a entendu par cela même faire remise de la *mora* qui
disparaît avec l'ancienne obligation. En conséquence
si Stichus, dû purement et simplement, et à l'égard
duquel le débiteur était en demeure, est ensuite promis sous condition et périt avant l'arrivée de la condition, le débiteur sera libéré, quoique la novation
n'ait pu avoir lieu faute d'objet.

(1) L. 8, pr., *De nov.* D., 46. 2.
(2) L. 72, p. 1. *De solut.* D., 46. 3

Marcellus apporte toutefois une restriction à sa décision. Il suppose que Stichus est absent au moment de la seconde stipulation ; la demeure, dit-il, ne sera pas purgée : *Non enim obtulisse eum propter absentiam intelligi potest (promissor)* (1). Ainsi, d'après ce jurisconsulte, il faut examiner si le débiteur est en état ou non d'offrir la chose promise au moment de la seconde stipulation. Mais cette distinction n'est pas fondée en raison. Qu'importe que le débiteur ait eu ou non la chose due sous la main ? Dans l'un comme dans l'autre cas, ce qu'il faut examiner, c'est l'intention du créancier : s'il n'a pas exigé le payement et s'est contenté de stipuler conditionnellement Stichus, qui lui était déjà dû, c'est que cette satisfaction lui a paru suffisante. Il en résulte que la demeure est purgée. Aussi la distinction de Marcellus n'est-elle pas reproduite par Ulpien et semble-t-elle également repoussée par Papinien dans la loi 17, *De condictione furtiva* (2).

Venuleius, dans la loi 31, pr., *De nov.*, semble admettre une opinion contraire à celle de Marcellus et d'Ulpien. L'espèce est la même ; l'esclave meurt, puis la condition se réalise : *Si deinde conditio extiterit*, dit Venuleius, *novatio quoque fiet*. Y a-t-il une véritable antinomie (3) ? Pothier, s'appuyant sur la distinction de Marcellus, voit dans la loi 31 le cas où le

(1) L. 72, p. 3, *De solut.* (D., 46, 3).
(2) L. 17 (D., liv 13, 1).
(3) Pand., *De nov.*, n° 7.

débiteur n'a pas l'objet promis sous la main. Nous
avons montré que cette distinction n'était pas admissible. Nous croyons que Venuleius et Ulpien étaient
du même avis, et nous adopterons la conciliation
proposée par Voët (1). Le mot *novatio*, dans la loi 31.
a un sens tout particulier. Le jurisconsulte ne peut
pas vouloir dire qu'il y aura une véritable novation
puisqu'elle ne pourrait avoir lieu que par la création
d'une nouvelle obligation, laquelle ne peut naître
faute d'objet : il veut dire qu'il y aura novation en
ce sens qu'il y aura *purgatio moræ*. La seconde stipulation aura au moins produit un résultat favorable
au débiteur ; elle l'aura libéré de la demeure : *Non
aliud voluit* (Venuleius), dit Voët, *quam quot per
illam secundam obligationem conditionalem mora purgata sit, quæ primæ obligationis intuitu commissa fuerat.*
La loi 56, p. 8, *De verb. oblig.*, D., 45, 1. paraît également défavorable à notre opinion. Mais il est facile
de reconnaître que cette loi n'a aucune autorité dans
la question. En effet, elle n'envisage pas un cas de
novation. Elle suppose deux débiteurs de la même
chose, tout à fait indépendants l'un de l'autre ; le
premier est tenu purement et simplement, le second
sous condition. Le débiteur pur et simple est mis en
demeure, puis la chose périt. L'autre débiteur est
libéré, puisque l'obligation conditionnelle se trouve
sans objet ; mais le premier reste tenu par l'effet de la
demeure : c'est l'application des principes généraux.

1 Voët, lib. [illegible], no 10

Il n'y a donc pas antinomie véritable entre la loi 56, *De verb. obligat.*, et le texte d'Ulpien.

SECTION II.

De l'expromissio.

Le mode de novation qui devait se présenter le plus rarement dans la pratique, c'est assurément l'*expromissio*. Comme le mot l'indique, le débiteur est libéré de sa promesse par le fait d'un tiers qui se présente lui-même et s'oblige de son propre mouvement ; si le tiers était offert au créancier par l'ancien débiteur lui-même, il y avait délégation, ce dont nous traiterons à la section suivante.

Ainsi l'*expromissor* c'est le nouveau débiteur qui vient prendre la place de l'ancien sans le concours de celui-ci. De même qu'un tiers peut payer la dette d'autrui, de même il peut la nover. Mais la condition nécessaire à la validité de l'*expromissio*, c'est le consentement du créancier. Il est presque inutile de dire, en effet, tant cela est évident, qu'on ne peut forcer un créancier à échanger un débiteur solvable, en qui il a confiance, contre un débiteur qui ne présente peut-être pas les mêmes garanties. L'*expromissio* est, sans doute, établie avant tout dans l'intérêt du débiteur, mais il ne faut pas qu'elle puisse nuire au créancier.

Il n'en est pas ainsi du payement, mais c'est parce que le créancier n'a pas intérêt à recevoir tels écus

plutôt que tels autres. On sait, au contraire, que toutes
les créances sont loin de se valoir.

Nous disons que l'*expromissio* est surtout dans l'intérêt du débiteur ; et en effet, quelquefois elle donne
au créancier le moyen de libérer le débiteur qui se
refuse à accepter la remise de la dette. Paul nous l'indique (1) ; mais il ne faut pas que le tiers qui joue ici
un rôle de pure complaisance puisse plus tard être
poursuivi par le créancier revenu de sa générosité.
Aussi le texte ajoute-t-il : *Quod etiam si acceptum non
feceris, tamen statim, quod ad te attinet, res peribit. Nam
et petentem te, doli mali præscriptio excludet.*

C'est une question de fait que celle de savoir si le
créancier peut ou non agir contre l'*expromissor ;* cependant comme les libéralités ne se présument pas, ce
dernier n'opposera avec succès son exception qu'autant
qu'il prouvera que l'intention du créancier a été de
libérer indirectement son débiteur.

Quant à la chose promise, aucune difficulté ne peut
s'élever ; si l'*expromissor* promet autre chose que le
débiteur, il y aura double novation, par le changement
de débiteur et par le changement d'objet. L'*expromissio* peut être pure et simple, ou à terme, ou conditionnelle. Si elle est conditionnelle, et que la condition ne
se réalise pas, le premier débiteur restera tenu. En
effet, aucune convention n'a été faite avec le débiteur
qui, par conséquent, ne peut pas opposer d'exception.
Cet effet est du reste prévu par Gaïus : *Si sub condi-*

____

(1) L. 91, *De solut.* D., 46. 3.

*tione stipulatus fuerim a te quod Titius mihi pure deberet,
an, deficiente conditione, si a Titio petam, exceptione
pacti conventi et possim et debeam summoveri, magis est
exceptionem non esse opponendam* (1). Nous avons vu
plus haut qu'il en serait autrement si la stipulation
conditionnelle était intervenue *inter easdem personas* :
en cas de non-réalisation de la condition, l'exception
doli mali peut être opposée à l'action résultant de la
première obligation.

Une seule stipulation peut opérer novation de plusieurs obligations et libérer plusieurs débiteurs. La diversité des causes n'est pas un obstacle à la transformation de ces obligations en une seule, portant désormais sur la personne d'un seul débiteur (2). Seulement des difficultés d'interprétation pourront s'élever. Paul se pose la question et se prononce en principe pour la novation si le créancier a stipulé d'un nouveau débiteur *novandi causa*. Il s'exprime ainsi : *Te hominem et Seium decem mihi dare oportet; stipulor ab altero novandi causa, ita quod te aut Seium dare oportet : utrumque novatur* (3), Ulpien, dans la loi 8, p. 5, *De nov.*, professe d'après Marcellus une autre opinion. Il dit que le nouveau débiteur peut *eligere pro quo solvere velit*. Vient-il par là détruire la règle de Paul ? Nous ne le croyons pas. Paul semble bien se placer dans un cas où l'intention des parties est manifeste, Ulpien tranche la question dans le cas où elle est douteuse. On peut, du

(1) L. 58, p. 2, *De pactis* (D., 2, 14).
(2) L. 31, p. 2, *De nov.* (D., 46, 2).
(3) L. 52, *De nov.* (D., 46, 2).

reste, à l'appui de cette explication, citer la loi 26, *ad h. tit.*, où Celse nous dit que le créancier *utrumque stipulatus videtur, et utrumque novatum si novandi animo hoc fiat.*

Nous avons vu précédemment que dans le cas de novation *inter easdem personas* le créancier pouvait rattacher à la nouvelle obligation les hypothèques qui garantissaient l'ancienne ; mais avait – il le même droit lorsque la novation s'opérait par l'intervention d'un nouveau débiteur ? pouvait-il se réserver ses hypothèques sans le consentement de celui qui les avait constituées ?

Pothier admettait la négative en se fondant sur la loi 30 de notre titre qu'il entendait d'une manière absolue (1) : *Si creditor a Sempronio novandi animo stipulatus esset, ita ut a prima obligatione in universum discederetur , rursum easdem res a posteriore debitore sine consensu prioris obligari non posse.*

D'après lui, quand même le créancier ferait la réserve des garanties au moment de la novation, il ne pourrait se passer du consentemeut du premier débiteur, parce que le nouveau, auquel les choses n'appartiennent pas, ne peut les hypothéquer sans l'adhésion du propriétaire. Si c'est bien la doctrine romaine qui est exposée par Pothier, il faut avouer qu'elle ne ressort pas clairement du texte invoqué. Aussi d'autres interprètes expliquent la loi 30 tout autrement (2). Suivant eux, cette loi est complétement étrangère à

<hr>

(1) Pand., *De nov.*, n° 25 ; *Oblig.*, n° 599.
(2) Toullier, t. 7, n° 512 ; M. Bugnet sur Pothier, n° 599, note 1.

la question de savoir si les gages et hypothèques peuvent être réservés lors de la novation sans l'assentiment de l'ancien débiteur. Que suppose Paul ? que le créancier a stipulé de Sempronius *animo novandi* et de telle sorte qu'il ne restât absolument rien de la première obligation : *ita ut in universum discederetur*. Donc la première hypothèque est nécessairement éteinte, et il ne peut plus être question que d'en établir une seconde pour garantir la nouvelle obligation ; or cette seconde hypothèque sur les mêmes biens ne peut être constituée que par le propriétaire, c'est à-dire par le débiteur primitif et non par le débiteur actuel.

La loi fait ici l'application d'un principe de droit commun, à savoir que le propriétaire seul peut hypothéquer sa chose. Paul a dû s'expliquer parce que l'ancien débiteur ne semble guère pouvoir se plaindre de cette nouvelle hypothèque, puisqu'en définitive ses biens étaient hypothéqués avant l'*expromissio* et qu'il résulte toujours pour lui de la novation l'avantage d'être libéré de l'obligation personnelle.

Ainsi en argumentant *a contrario* de la loi 30, nous dirons que le créancier pouvait, sans le consentement du débiteur, se réserver les hypothèques qu'il avait sur ses biens. Sans doute cet argument n'est pas des plus solides, mais notre décision se défend elle-même par cette considération qu'aucun principe de droit n'est contraire à la réserve des garanties accessoires lors de la novation par changement de débiteur (1).

(1) La loi unique, au Code, *Etiam ob chirograph.* 8, 27 . ne vient pas

L'*expromissio* n'est qu'une espèce particulière d'*intercessio*, mot général qui comprend tous les cas où un tiers s'oblige pour autrui. Il en résulte que la femme mariée, qui ne peut *intercedere*, ne pourra s'engager comme *expromissor* pour libérer un tiers, pas plus qu'elle ne pourrait cautionner la dette d'autrui en se portant fidéjusseur. Si elle s'est obligée, elle pourra toujours repousser le créancier par l'exception tirée du sénatus-consulte Velléien ou même répéter par la *condictio indebiti* ce qu'elle aura payé dans l'ignorance du secours qui lui était offert (1). Quant au créancier, il ne sera pas lésé : le préteur, par une espèce de *restitutio*, le rétablira dans la position où il était avant l'*expromissio* : *Quoties pro debitore intercesserit mulier, data in eum pristina actio* (2).

Il peut arriver que l'*expromissor* soit le débiteur de celui qu'il libère ; nous supposons qu'il s'oblige spontanément, et par conséquent nous ne tombons pas dans l'hypothèse de la délégation. Ce débiteur, après avoir libéré son créancier, n'en restera pas moins tenu envers lui ; mais il aura contre lui, soit l'action *negotiorum gestorum contraria* pour se faire tenir compte de la somme qu'il a payée, soit depuis l'édit de Marc-Aurèle l'exception de dol au moyen de laquelle il lui opposera la compensation (3).

Il y a dans l'*expromissio* deux genres de rapports

____

detruire notre système. Elle ne s'occupe pas du cas où la propriété de la chose est restée à l'ancien débiteur.

(1) L. 40, *De cond. indebiti* (D., 12, 6).

(2) L. 8, p. 7, *ad S.-C. Vell.* (D., 16, 1).

(3) L. 8, pr., *De doli mali except.* (D., 44, 4).

qu'on ne doit pas confondre. Les premiers entre le créancier et le nouveau débiteur seront réglés par le contrat lui-même. Mais nous devons dire quelques mots des rapports entre le nouveau et l'ancien débiteur, qui ne sont pas soumis à des règles uniformes. Il importe beaucoup de savoir si l'ancien débiteur a donné son adhésion à l'engagement du nouveau. Si l'*expromissor* a agi au su et au vu du débiteur, il sera considéré comme un mandataire et pourra par l'action *mandati contraria* se faire restituer ce qu'il aura payé (1). S'il a agi dans l'intérêt du débiteur absent et que l'utilité de la novation soit reconnue, il pourra encore recouvrer ses déboursés par l'action *negotiorum gestorum contraria;* enfin s'il s'est obligé malgré la volonté du débiteur, il n'aura aucun recours et sera censé avoir voulu faire une libéralité.

SECTION III.

De la délégation.

La définition de la délégation nous est donnée par Ulpien dans la loi 2 en ces termes : *Delegare est vice sua alium reum dare creditori vel cui jusserit,* c'est-à-dire offrir au créancier ou à celui qu'il désigne un autre débiteur qui se substitue en notre lieu et place. Les personnes qui jouent un rôle dans la délégation sont donc au nombre de trois : le *délégant,* qui donne

____

(1) L. 6, p. 2. *Mandati vel contra* (D., 17. 1).

mandat de s'obliger ; le *délégué*, qui s'oblige sur l'ordre qu'on lui donne; le *délégataire*; envers qui on s'oblige. Il est constant que l'ancien débiteur est libéré dès que le nouveau s'est obligé envers le créancier, *novationis causa*. De là les titres du Digeste et du Code *De novationibus et delegationibus*, c'est-à-dire des novations et de cette espèce particulière de novation dite délégation. Les jurisconsultes avaient avec raison distingué cette variété de la novation, car elle présente, comme nous le verrons, *quædam propria* et dans ses formes et dans ses effets.

La délégation est d'autant plus importante à étudier qu'elle était très-fréquente dans la pratique. En effet, elle facilitait les payements. Dans la plupart des cas, le débiteur déléguait à son créancier son propre débiteur, de sorte que par une seule stipulation on arrivait à éteindre deux dettes : celle du délégant envers le créancier délégataire, et celle du délégué envers le délégant. Une double novation s'opérait : il y avait à la fois changement de créancier et changement de débiteur.

Mais le plus grand avantage de la délégation, c'était de permettre de transporter réellement et effectivement une créance d'une personne à une autre. On sait que les Romains, considérant toute créance comme une relation entre personnes déterminées, ne comprenaient pas un changement dans l'un des sujets de l'obligation sans la rupture du lien. Pour échapper à la difficulté, on eut recours à la délégation par le changement de créancier. Gaïus nous fait connaître en ces termes cette utilité de la délégation : *Quod mihi ab alio debetur, id si velim tibi deberi, nullo corum modo, quibus res corporales ad alium transferuntur, id efficere possum, sed opus est ut, jubente me, tu ab eo stipuleris : quæ res efficit ut a me liberetur, et incipiat tibi teneri : quæ dicitur novatio obligationis* (1). Plus tard, on imagina un moyen plus simple de céder une créance ; on donnait mandat à un tiers de toucher la somme, et on ne lui en demandait jamais compte ; c'était la *procuratio in rem suam* ou cession de créance proprement dite.

Quoique la cession produise un résultat analogue à la délégation, il faut se garder de la confondre avec elle. La cession ne demande pas le concours du débiteur (2) ; l'opération a lieu entre le cédant et le créancier à qui on cède. On n'exige pas du débiteur qu'il contracte une nouvelle obligation, mais l'ancienne action est cédée contre lui. Le cessionnaire joue le même rôle qu'un mandataire, sauf qu'il est dispensé de rendre compte : c'est un *procurator in rem suam* ; il exerce toujours l'action du cédant. Si avec le temps on arriva à lui donner une action utile qui lui permettait de se présenter comme un véritable créancier, le débiteur cédé n'en continua pas moins à pouvoir lui opposer les exceptions qu'il avait contre le cédant. Nous ajouterons que les garanties accessoires attachées à la créance ne périssent pas en cas de cession,

(1) Gaïus, C. 2, p. 38.
(2) C. 1. *De nov.* (Cod, 8. 42).

à la différence de ce qui arrive dans la délégation (1).

La délégation a lieu *per stipulationem* et *per litis contestationem*.

§ 1. De la forme de la délégation.

Voyons en premier lieu ce qui est relatif à la stipulation. Nous distinguerons tout d'abord deux parties bien distinctes dans la délégation : le mandat qui précède, qui est l'origine et la cause de la délégation, et la stipulation qui est le mode d'exécution. Le mandat est donné par le délégant au délégataire de stipuler du délégué et à celui-ci de répondre à l'interrogation solennelle du délégataire. La stipulation a lieu entre le délégataire et le délégué. On appliquera à chacune de ces opérations les règles qui lui sont propres. Le mandat est un contrat parfait *solo consensu ;* on pourra donc déléguer son débiteur par signes ou par écrit, si on est privé de la faculté de la parole (2). On pourra également appliquer la règle de la ratification. Si mon débiteur s'est engagé, à mon insu, envers mon créancier, je pourrai, par mon consentement survenu postérieurement, donner force à la stipulation, et tous les effets ordinaires de la délégation se produiront.

Quand la délégation a lieu par stipulation, il faut

---

(1) La *procuratio in rem suam* offrait le danger de laisser jusqu'à la *litis contestatio* le cessionnaire à la merci du cédant, qui jusque-là pouvait révoquer le mandat. On obvia à cet inconvénient par la *denuntiatio* de la cession au cédé. Celui-ci ne pouvait plus dès lors valablement payer entre les mains du cédant (C., 5, *De nov.*, au Code, 8, 42).

(2) L. 17. *De nov.* (D., 46. 2).

pour qu'il y ait novation le concours des volontés des trois personnes qui doivent jouer un rôle. La nécessité de l'intervention du créancier est très-équitable; de même qu'on ne peut le forcer de recevoir en payement autre chose que ce qui lui est dû, de même on ne peut le forcer d'accepter l'engagement d'un tiers, qui offre peut-être peu de garanties. On pourrait plutôt avoir quelques doutes sur la nécessité de l'intervention du débiteur délégué : car chacun peut céder ses actions à son créancier ; mais nous avons vu qu'il y avait entre la cession et la délégation de profondes différences. Il faut que le débiteur consente, parce qu'il faut qu'il s'engage envers le délégataire, il faut qu'il réponde à sa stipulation ; aussi la loi 6, *De nov.*, C., dit-elle : *Nec creditoris creditori quisquam invitus delegari potest* (1).

Nous croyons qu'ici, comme dans toute autre novation, il fallait, depuis Justinien, que l'*animus novandi* fût indiqué par des termes exprès. La const. 8 a un sens général et les partisans de notre opinion n'hésitent pas à l'appliquer à la délégation, d'autant plus que si l'innovation qu'elle contient est raisonnable, c'est surtout dans cette matière. Lorsqu'une stipulation a lieu entre les mêmes personnes touchant le même objet, il est assez naturel, dans la plupart des cas, d'admettre une novation : les parties probablement ont voulu faire quelque chose de nouveau ; mais quand la stipulation a lieu avec un nouveau débiteur,

(1) C., 6, *De nov.* (C., 8, 42).

sait-on à première vue quelle est la nature de l'opération? L'intention des parties? Peut-être n'ont-elles
voulu faire qu'un simple contrat de fidéjussion?

Il ne suffit pas, du reste, que mon débiteur, par
mon ordre, ait payé mon créancier pour qu'il y ait extinction de sa dette envers moi. Sans doute je serai
libéré envers mon créancier, mais l'obligation de mon
débiteur subsiste, parce qu'il ne peut pas être libéré
envers moi sans mon consentement. Mais si mon débiteur n'est pas libéré *ipso jure,* il le sera *exceptionis
ope* au moins depuis la const. de Marc-Aurèle, et
pourra opposer la compensation (Inst. act., p. 3).

La délégation pouvait être pure et simple ou conditionnelle. Dans ce dernier cas, la libération du délégant était aussi conditionnelle, mais il y gagnait de
ne pas pouvoir être poursuivi dans l'intervalle : il était
censé devoir sous une condition contraire. Le délégué
ne pouvait pas non plus être poursuivi, car il était in-
certain s'il devrait jamais (1).

Il pouvait arriver qu'un tiers qui ne devait rien au
débiteur se laissât déléguer par lui *animo donandi.*
Dans ce cas, qui était le plus rare, la délégation n'o-
pérait novation que d'une seule obligation.

La loi 4 *De nov.,* à propos de l'usufruit, nous apprend que la novation par changement de créancier
n'a pas lieu dans les obligations *personæ cohærentes.*
Ulpien s'exprime ainsi : *Si ususfructus debitorem
meum delegavero tibi, non novetur obligatio mea : quam-*

____

1 L. 26, *De rebus creditis* (D., 12, 1).

vis exceptione doli, vel in factum tutus debeat esse adversus me is, qui delegatus fuerit; et non solum donec manet ejus ususfructus, cui delegavi ; sed etiam post interitum ejus videbimus : quia etiam hoc incommodum sentit, si post mortem meam maneat ei ususfructus.
Dans cette espèce, il n'y a pas novation, c'est-à-dire que mon débiteur n'en continue pas moins à me devoir l'usufruit. Cependant, il faut remarquer que le même usufruit n'a pu être valablement constitué au délégataire, car c'est un droit tout personnel au délégant ; mais cet obstacle peut être tourné, car rien n'empêche le promettant de devoir l'estimation annuelle de cet usufruit. Le texte accorde au délégué, pour repousser la poursuite du délégant, une *exception de dol* ou *in factum*, même après la mort du délégataire. Il aurait pu se faire, en effet, que le délégant décédât avant le délégataire ; or ce fait nuirait au délégué puisqu'il n'en continuerait pas moins à devoir l'usufruit ou le revenu équivalent pendant toute la vie du délégataire. Il était donc équitable, pour qu'il y eût des chances égales de gain et de perte, que l'usufruit fût éteint par la mort du délégataire arrivée avant celle du délégant.

La délégation avait lieu *per litis contestationem*, lorsque le débiteur se faisait représenter dans l'instance par un *procurator in rem suam*. Lorsque c'était le créancier qui se faisait représenter, le débiteur ne perdait pas, par ce fait, le droit d'opposer au *procurator* toutes les exceptions qu'il avait contre le créancier. Mais *le procurator*, par l'effet de la *litis contesta-*

tio, acquérait un droit propre au bénéfice qui devait résulter de la condamnation.

La délégation était un acte purement facultatif de la part des parties. Cependant on trouve une curieuse exception à ce principe dans la loi 29, D., *De liberatione legata* (1 . Un testateur a légué la libération à deux *correi* qui n'étaient pas *socii ;* l'un deux, Primus, ne peut *capere ex testamento ;* l'autre, Secundus, au contraire, est capable, et de plus *liberos habet,* de telle sorte qu'il a, en vertu des lois caducaires, le *jus caduca vindicandi.* Comment l'héritier exécutera-t-il le legs? Il déléguera Primus à Secundus ; ce dernier obtiendra par la *petitio* exercée contre son *correus,* d'abord sa libération et puis le bénéfice que Primus aurait retiré du legs s'il eût été capable, c'est-à-dire un avantage égal à une seconde libération.

§ 2. Des effets de la délégation.

Pour déterminer les effets de la délégation, il est nécessaire de distinguer entre le cas où elle a lieu à titre onéreux et celui où elle a lieu à titre gratuit.

Occupons-nous d'abord du premier cas, qui est le plus ordinaire. La délégation produit trois effets : 1° Le délégant est libéré envers le délégataire ; — 2° Le délégué est déchargé envers le délégant ; — 3° Le délégué devient débiteur du délégataire.

La créance du délégataire contre le délégué est nouvelle ; mais si elle est privée des avantages qui ga-

(1) D., 34. 3.

rantissaient l'ancienne, elle n'en subit pas non plus les inconvénients. Ainsi le délégataire n'aura pas a craindre de la part du délégué les exceptions que ce dernier pouvait opposer au délégant. Cette règle demande quelques développements.

Je suppose que le délégant ait usé de dol pour décider un tiers à se laisser déléguer, et que le créancier, après avoir stipulé, exerce son action contre le délégué : celui-ci ne pourra pas repousser la demande du délégataire en excipant du dol dont il a été victime : car le délégataire *suum recipit* (1), il a reçu ce qui lui était dû, et l'on ne voit pas pourquoi l'imprudence du délégué devrait lui nuire. Le délégué ne pourrait pas non plus intenter la *condictio indebiti* en cas de paiement, car : *repetitio nulla est ab eo qui suum recipit* (2).

Il peut arriver qu'une femme, après avoir obtenu un engagement par dol, délègue *in dotem* son débiteur à son mari ; on appliquera notre règle et le délégué ne pourra pas opposer au mari le dol de la femme : *ne indotata fiat*. Le mari, en effet, a compté sur la dot pour supporter les charges du mariage, il ne faut pas qu'il soit trompé (3). Cependant il faut faire une restriction fort équitable à ce principe pour le cas où le mari agit contre le délégué après qu'un divorce est intervenu. Alors le mari ne poursuit plus le recouvrement de la dot que pour la restituer à la femme : l'exception lui sera donc opposable. Du reste Paul nous

(1) L. 129, *De reg. juris* (D., 50, 17).
(2) L. 44, *De cond. indeb.* (D., 12, 6).
3) L. 4, p. 21, *De doli mali* (D., 44, 4).

pose très nettement l'espèce (1) : *Si soluto matrimonio maritus peteret, in eo duntaxat exceptionem obstare debere, quod mulier receptura esset.* Les mots *in eo duntaxat* font allusion au droit qu'a le mari de conserver une portion de la dot, quand le divorce a lieu par la faute de la femme. Ulpien, dans la loi 13, *De nov.*, assimile au débiteur victime d'un dol celui qui, se croyant à tort le débiteur du délégant, s'est laissé déléguer par lui : *exceptio locum non habebit*, dit-il ; ici encore le délégataire n'a fait que recevoir ce qui lui était dû.

Notre décision ne serait plus la même si le délégant avait employé la violence à l'égard du délégué : celui-ci pourrait invoquer l'exception *metus causa* même vis-à-vis du délégataire, car cette exception, à la différence de celle de dol, est *in rem*, c'est-à-dire opposable à tous ceux qui voudraient profiter de la violence, quoique n'en étant pas les auteurs : *hoc jure utimur, ut de metu non tantum ab auctore, verum a quocumque adhibito exceptio objici possit* (2).

Ce n'est pas seulement l'exception de dol qui ne peut pas être opposée au délégataire, mais comme le dit Paul, *idem est et in cæteris similibus exceptionibus, imo et in ea quæ ex senatus-consulto filiofamilias datur* (3).

On sait que l'exception du sénatus-consulte Macédonien est principalement donnée *odio creditoris*. Mais supposons que le créancier ait délégué son propre créancier, le fils de famille débiteur ne pourra pas

---

(1) L. 9, p. 1, De cond. c. data (D., 12, 4).

(2) L. 4, p. 55. De doli mali et metus causa exc. (D., 44, 4).

(3) L. 19, De nov. (D., 46, 2).

opposer l'exception, car le nouveau créancier n'a rien
fait de contraire au sénatus-consulte. Le jurisconsulte
ajoute : *Diversum est in muliere quæ contra senatus-
consultum promisit; nam et in secunda promissione intercessio*. Ces derniers mots nous donnent la raison de
cette différence entre le sénatus-consulte Macédonien
et le sénatus-consulte Velléien : toute *intercessio* est
formellement interdite à la femme.

Le même principe s'appliquait à l'exception de la
loi Cincia. Cette loi défendait de donner au delà d'une
certaine mesure ; elle voulait protéger le donateur contre
ses propres excès de libéralité. La donation n'était pas
nulle même pour l'excédant, le donateur n'avait qu'une
exception ou une réplique pour se défendre contre le
donataire. Supposons qu'une donation ait été faite
contrairement aux dispositions de cette loi, et que le
donataire délègue le donateur à son créancier : Paul
nous dit que le donateur n'aura pas l'exception, parce
que le créancier n'a reçu que ce qui lui était dû : *Si
cum qui volebat mihi donare supra legitimum modum delegavero creditori meo : non poterit adversus petentem
uti exceptione quoniam creditor suum petit* (1).

La loi 33, *De nov.*, vient encore confirmer notre règle
en disant que le donateur délégué par le donataire ne
pourra pas opposer au délégataire l'exception qu'il avait
contre son donataire de n'être condamné que jusqu'à
concurrence de ses facultés. Il s'agit ici de ce que les
commentateurs ont appelé le *bénéfice de compétence*. Le

(1) L. 5, p. 5, *De doli mali et metus causa exc.* (D., 44, 4).

créancier n'a pas à s'en préoccuper; il réclame *debitum non donatum*. C'est à ce sujet que s'élève une question assez grave.

Faut-il étendre la décision de la loi 33 au mari délégataire qui a stipulé une dot du donateur de sa femme? En d'autres termes, le mari pourra-t-il poursuivre le donateur pour le tout, ou *quatenus facere potest?* Il semble résulter tout d'abord de la règle générale contenue dans la loi 19, *De noc.*, que le mari peut agir pour le tout. Cependant, d'après Ulpien (1), il faut distinguer à quel titre, en quelle qualité celui qui avait promis la dot au mari s'était engagé à la fournir. Si c'était par nécessité comme étant déjà débiteur de la femme, on peut imputer au mari de ne l'avoir pas poursuivi pendant qu'il était solvable. Si c'était par l'effet de sa propre volonté, pour faire une libéralité à la femme, *parcendum marito*, dit la loi, *qui eum non præcipitavit ad solutionem qui donaverat quemque in id quod facere potest si convenisset condemnaverat.* Mais dans la loi 41 pr., *De re judic.* (2), Paul vient contredire formellement le texte d'Ulpien. Après avoir posé nettement la question qui nous occupe, le jurisconsulte répond : Le créancier ne sera écarté par aucune exception.... *Cui similis est maritus, maxime si constante matrimonio petat.*

Dans ce texte le mari est considéré comme un délégataire à titre onéreux ; et c'est bien le point de vue le plus exact, car la dot est destinée à subvenir aux

(1) L. 33, *De jure dotium* (D., 23, 3).
(2) D. 42. 1.

charges du mariage ; mais il faudrait donner la même solution dans le cas où on le considérerait comme un délégataire à titre gratuit. La loi 33, *De donat.* (1), nous montre en effet très-clairement que le délégataire peut poursuivre le délégué pour le tout. Voici l'espèce : Primus veut faire une donation à Titius ; Titius lui-même est dans l'intention d'en faire une à Secundus, et il dit alors à ce dernier : Stipulez de Primus ce que je veux vous donner. Hermogénien nous dit que Secundus pourra poursuivre Primus pour le tout, non pas seulement jusqu'à concurrence de ses facultés, *quia nihil Primus Secundo a quo convenitur, donavit.* Il est donc bien établi par ces textes que celui qui voulant faire une libéralité à la femme a promis au mari à titre de dot, sera condamné, non pas seulement comme il le serait envers la femme donataire *in id quod facere potest*, mais pour le tout, quel que soit le point de vue sous lequel on considère le mari.

En présence de ces textes contradictoires, quelle opinion devons-nous adopter ? Cujas a trouvé une fort ingénieuse conciliation ; il supplée ainsi les ellipses de la loi 33, *De nov. : Parcendum marito qui eum non præcipitavit ad solutionem qui donaverat mulieri quemque mulier in id quod facere potest si ipsa convenisset condemnatura erat* (2). En un mot, le mari n'est pas en faute de n'avoir pas fait plus que la femme elle-même n'aurait pu faire.

Cette explication a rencontré l'approbation de

(1) L. 33, p. 5, *De donat.* (D. 57., 5).
(2) Cujas, Observations 12, 17

3.

4.

beaucoup d'auteurs, notamment de Pothier (1). Cependant il nous paraît difficile de l'adopter; il est dangereux, selon nous, d'expliquer un texte en ajoutant des mots qui ne se trouvaient peut-être pas dans la pensée de l'auteur. Pourquoi n'admettrait-on pas ici deux opinions différentes : l'une, celle de Paul, basée sur le droit strict et ne permettant au donateur de réclamer le bénéfice de compétence que vis-à-vis du donataire seul ; l'autre, celle d'Ulpien, basée sur l'équité et se refusant à reconnaître le mari pour un délégataire ordinaire? Le mari, en effet, est dans une position tout exceptionnelle, il n'est point un étranger aux relations du délégant et du délégué et doit partager la reconnaissance de sa femme pour le donateur. Nous admettons donc ici, avec M. Pellat (2), qu'Ulpien plus enclin que Paul à l'équité, a introduit une modification aux principes rigoureux du droit en permettant au donateur d'opposer l'exception au mari.

Ainsi les exceptions du délégué contre le délégant ne sont pas opposables au délégataire. Mais quel est le motif de cette règle? Paul nous le donne dans la loi 19. Le créancier n'a pas pu savoir les relations qui ont existé entre le délégant et le délégué, ou s'il les a connues, *dissimulare debet ne curiosus videatur*. Cette explication est très-raisonnable. Le créancier ne fait que poursuivre le recouvrement de ce qui lui est dû; il exerce son droit; c'est au délégué à peser toute la portée de son engagement.

(1) Comm., *De jure dotium*, p. 145.
(2) Paud, *Sol. matr.* (D., 24. 3), n° 71

Il nous reste à rechercher quelle ressource avait le délégué pour se faire indemniser de ce qu'il avait indûment payé. On doit à cet égard faire une distinction (1). Si au moment de la délégation le délégué savait qu'il pouvait opposer une exception au délégant, et qu'il a néanmoins promis au délégataire, il n'aura aucun recours à exercer : c'est un donateur, il a fait remise de l'exception. Mais dans tous les cas où il aura promis par erreur, il pourra user de la *condictio certi* ou *incerti* contre le délégant. Par la *condictio certi*, il obtiendra la restitution de ce qu'il aura payé; par la *condictio incerti*, il demandera sa libération s'il n'a pas encore payé. Il pourra aussi agir par l'action de mandat, car la délégation, comme nous l'avons vu, contient un mandat.

Nous ne nous sommes occupé jusqu'ici que de la délégation la plus fréquente, c'est-à-dire de la délégation à titre onéreux. Les principes sont différents lorsque le délégué promet à un donataire du délégant. Julien nous dit, en effet, que le délégué peut opposer au délégataire l'exception de dol (et par conséquent toutes les autres exceptions) qu'il pouvait opposer au délégant. Mais ce qu'il faut remarquer dans la délégation à titre gratuit, c'est que le délégué a non-seulement une exception, mais une action, une *condictio incerti sine causa* pour forcer le délégataire avant toute poursuite, d'éteindre son obligation en lui faisant acceptation. Il en serait de même si le délégataire n'était pas réellement créancier du délégant. Ces décisions

(1) L. 12. *De nov.* (D., 46. 2)

sont dictées par l'équité, car il est bien juste de préférer au délégataire qui *certat de lucro captando* le délégué qui *certat de damno vitando* (1).

Mais qu'arrivera-t-il si le délégué s'est engagé à la légère et s'il se trouve insolvable au moment des poursuites du délégataire? sur lequel du délégataire ou du délégant retomberont les risques de l'insolvabilité? En règle générale, sur le délégataire, et c'est fort raisonnable, car il a bien voulu substituer un débiteur à l'ancien et *nomen ejus secutus est;* il a fait un contrat aléatoire, et par conséquent il a pu prévoir dans quelle position il se trouverait en cas d'insolvabilité. Le délégant est censé avoir payé ce qu'il devait; le délégataire est censé avoir reçu de lui l'argent prêté : *Qui debitorem suum delegat pecuniam dare intelligitur, quanta ei debetur* (2). Aussi Papinien refuse-t-il toute action au délégataire contre le délégant (3).

Cependant il y a des cas où, de l'avis de tous, le délégant répond de l'insolvabilité du délégué : 1° Lorsque la délégation est faite aux risques et périls du délégant. Alors le délégataire aura contre le délégant l'action *mandati contraria.* C'est un des cas où le mandat est à la fois dans l'intérêt du mandant et du mandataire. Il faut ajouter que le délégant ne répondra de l'insolvabilité du délégué qu'autant qu'il ne pourra pas reprocher au délégataire d'avoir été

(1) L. 2, p. 3 et 4, *De donat.* (D., 39, 5).
(2) D. 18, *De fidejus.* (D., 46, 1).
(3) L. 68, p. 1. *De evict.* (D., 21, 2).

négligent; le mandataire n'a pas d'action pour se faire restituer ce qu'il a perdu par sa faute. 2° Lorsque le délégant aura employé des manœuvres frauduleuses pour amener le créancier à accepter la délégation.

Mais si le délégataire est un mari qui a stipulé du débiteur de sa femme, faut-il dire que les risques seront à sa charge, ou qu'ils retomberont sur la femme qui joue le rôle de délégant? Cette question est importante et très-controversée. Les partisans d'un premier système soutiennent que la position du mari est identiquement la même que celle du délégataire ordinaire; qu'il est arbitraire de favoriser le mari aux dépens de la femme. Ils raisonnent ainsi : En vertu de la règle générale, les risques sont pour le délégataire : *Bonum nomen facit creditor qui admittit debitorem delegatum.* Or rien dans les textes relatifs à la délégation *dotis causa* n'annonce l'abandon de cette règle. Bien plus, nous avons un texte d'Ulpien qui prouve qu'on doit l'observer même dans notre hypothèse, c'est la loi 6 : *De pactis dotalibus* (1).. .*Quamvis (maritus) pacisci possit ne sit periculo ejus nomen debitoris qui et dotem promisit; nam et ut sit dos periculo mulieris pacisci eum posse probat.* On ne dirait pas qu'il peut être convenu que la créance déléguée sera aux risques de la femme si la délégation en principe était faite aux risques de cette dernière ; cette convention serait sans objet, puisqu'elle ne ferait que répéter la règle générale.

---

(1) L. 6, *De pactis dotalibus* D., 25, 4.

L'opinion contraire s'appuie avec force sur la différence qui existe entre un délégataire ordinaire et le mari. Le premier veut, en acceptant la promesse du délégué, éteindre une obligation pour lui en substituer une autre ; il consent à échanger sa créance contre une autre quelle qu'elle soit ; il ne peut donc se plaindre. Toute autre est la position du mari. Son but, en acceptant la délégation, n'est pas d'éteindre une obligation préexistante, il veut seulement en faire naître une à son profit. En outre, il aura à restituer la dot, et comment peut-on le forcer à restituer ce qu'il n'a pas reçu, quand on n'a aucune négligence à lui reprocher ? Cette opinion est la seule conforme à l'équité.

Cependant que répondra-t-on à la loi 6, *De pact. dotal.* ? Qu'elle n'est nullement concluante. On peut l'expliquer d'une manière satisfaisante en disant qu'elle fait seulement allusion à l'un de ces cas où le mari aurait paru assumer sur lui les chances d'insolvabilité du délégué : par exemple, il a connu l'état d'insolvabilité du délégué au moment de la délégation et l'a néanmoins accepté comme débiteur (1) ; il a fait crédit au délégué en recevant de lui des intérêts (2), ou bien il a, sans consulter sa femme, fait novation ou acceptilation avec lui. Dans de telles circonstances, le mari a paru se charger des risques : une convention sera donc nécessaire pour les faire supporter par la femme. La

_____

(1) L. 41, p. 3, *De jure dot.* (D., 25, 3).
(2) L. 71, *De jure dot.* (D., 25, 3).

loi 6 n'a rien de général et ne se rapporte qu'à des cas particuliers.

Cette opinion n'est pas seulement conforme à l'équité, elle est encore corroborée par des textes nombreux (1); aussi la préférons-nous de beaucoup à la première. Mais on ne peut s'empêcher de reconnaître qu'une certaine confusion a existé sur ce point et que la question a été mal posée. Cela est tellement vrai qu'il est possible de concilier l'opinion que nous adoptons avec le principe ordinaire en matière de délégation. En effet, tout le monde admet que si le débiteur de la dot devient insolvable, le mari délégataire n'aura aucun recours à exercer contre la femme. Le mari ne recevra donc pas de dot, et il sera néanmoins forcé de supporter les charges du mariage, d'y employer ses propres ressources. Ainsi, sous ce rapport, les risques retombent bien sur le mari délégataire. Mais quand il s'agira de rendre la dot, la question change de face. Comprendrait-on que le mari, qui n'a rien reçu, qui même a dû employer ses biens aux dépenses communes, eût encore une restitution à faire lors de la dissolution du mariage? Cela est impossible. Nous nous trouvons en présence de l'action *rei uxoriæ*, action de bonne foi, dans laquelle le juge doit examiner *quid æquius melius;* et le mari, lorsqu'on n'a rien à lui reprocher, lorsqu'il n'a pas pris pour son compte la créance, ne peut être forcé de rendre ce qu'il n'a pas reçu. La femme souffrira dans ce cas, mais nous ferons observer

____

1. L. 33, L. 35, L. 49, *De jure dot.* (D., 23, 3).

qu'elle joue alors le rôle de créancière de la dot et non plus de délégante.

SECTION IV.

De l'influence du sénatus-consulte Velléien sur les délégations dans lesquelles la femme joue un rôle.

Nous avons déjà parlé du sénatus-consulte Velléien ; nous avons vu notamment que Paul, après avoir posé la règle que le délégué ne peut pas opposer au délégataire les exceptions qu'il avait contre le délégant, fait exception en faveur de la femme : *Diversum est in muliere*, dit-il. En raison de l'importance de ce sénatus-consulte, nous croyons devoir entrer dans quelques détails. Il fut rendu sous le consulat de Marcus Silanus et de Velleius Tutor, pendant le règne de Claude : il eut pour but d'empêcher les femmes de se porter *inter-cessores*, comme dit la loi 1 : *Pro aliis reæ fieri*. Déjà auparavant, des édits d'Auguste et de Claude avaient défendu aux femmes de s'obliger pour leur mari. Ainsi, à dater du sénatus-consulte Velléien, les femmes ne peuvent plus *intercedere* pour qui que ce soit (1).

Ces dispositions étaient très-sages, puisqu'elles garantissaient les femmes contre leur propre faiblesse et contre tout entraînement irréfléchi et préjudiciable à leurs intérêts : *Adimendum eis fuit officium in quo non sola earum opera versaretur, sed etiam periculum rei*

____

(1) L. 1, pr., L. 2, pr., *ad S.-C. Velleianum* (D., 16, 1).

familiaris (1). Le même danger n'est pas à craindre
en cas de donation où l'esprit saisit toute l'importance
d'un dessaisissement actuel. Aussi le sénatus-consulte
n'interdisait-il pas de donner.

De cette prohibition faite à la femme de devenir *intercessor*, il en résulte qu'elle ne pouvait pas libérer un
tiers en s'obligeant à sa place, ni se laisser déléguer
par lui, lorsqu'il n'était pas son créancier. Gaïus nous
fournit un exemple curieux (2) : il suppose qu'une
femme s'est portée *intercessor* pour un tiers auprès
d'un mineur. La femme, dit-il, repoussera ce dernier
comme tout autre par le sénatus-consulte. En effet, il
pourra agir contre son ancien débiteur; mais si ce débiteur est insolvable, quel sera le préféré des deux
protégés de la loi? Le jurisconsulte décide que la
femme ne pourra plus invoquer le secours de son exception pour repousser les poursuites du mineur.

Mais si la femme, tout en s'obligeant pour autrui,
fait en même temps sa propre affaire, elle ne pourra
pas opposer l'exception. C'est ce que nous indique
Paul : *Debitrix mulier a creditore delegata, pro eo cui
delegata est promisit, non utitur exceptione* (3). Papinien nous fournit un autre exemple dans la loi 27, p. 2,
ad S.-C Vell., ainsi conçue : *Uxor debitricem suam viro
delegavit, ut vir creditori ejus pecuniam solveret; si fidem
suam pro ea quam delegavit apud virum obligaverit, to-*

(1) L. 1, p. 1, *ad* S.-C. Vell. (D., 16, 1).
(2) L. 12. *De minor. XXV annis* (D., 4, 4).
(3) L. 24, pr , *ad* S.-C. Vell. (D., 16, 1).

cum exceptio senatus-consulti non habebit, quia mulier suum negotium gessit.

Si, au contraire, une femme s'est laissé déléguer, quoiqu'elle ne fût pas débitrice, elle pourra argumenter du sénatus-consulte ; même si le créancier a cru qu'elle était réellement débitrice de celui pour lequel elle s'obligeait. Cette solution était cependant repoussée par Marcellus. Il y a une grande différence, disait-il, entre le cas où la femme a entendu se constituer débitrice et prendre à sa charge l'obligation d'un tiers, et celui où elle s'est laissé déléguer comme débitrice. Dans ce dernier cas, on doit lui refuser le secours du sénatus-consulte ; elle peut cependant poursuivre le délégant pour obtenir de lui sa libération si elle n'a pas encore payé et son remboursement dans le cas contraire. Ulpien, qui cite l'opinion de Marcellus, était d'un avis opposé et voyait dans les deux cas une véritable *intercessio* (1).

Si la femme s'est obligée *decipiendi animo*, c'est-à-dire sachant qu'elle ne s'obligeait pas valablement, le créancier pourra repousser l'exception par une réplique de dol (2).

Nous avons vu que la délégation s'opérait non-seulement par stipulation, mais encore *per litis contestationem*. Il en résulte que si une femme se présente en justice pour un tiers, afin d'assumer sur elle la condamnation, elle doit être considérée comme intervenant pour autrui : *suscipit enim in se alienam obliga-*

(1) L. 8, p. 2, *ad S.-C. Vell.* (D., 16, 1).
(2) L. 30, *ad S.-C. Vell.* (D., 16, 1).

tionem (1); elle s'expose, en effet, à payer la condamnation qui pourra intervenir. Il faut ajouter qu'elle pouvait cependant s'enlever la faculté d'invoquer le sénatus consulte en renonçant à l'exception au moment de se présenter en justice (2). De plus, elle n'est pas censée intervenir si elle défend en justice un tiers qui, en cas de condamnation, aurait un recours contre elle, par exemple son fidéjusseur (3).

La délégation produisant pour le délégant le même effet qu'un payement, la femme peut valablement déléguer son débiteur. Le sénatus-consulte la restitue contre les obligations qu'elle a contractées pour un tiers, mais non contre les aliénations ou les opérations par lesquelles elle a diminué son patrimoine : *Mulier enim per senatus-consultum relevatur, non quæ deminuit restituitur* (4).

Il peut arriver que l'exception soit opposée par d'autres que la femme, par exemple par ses fidéjusseurs ou le délégué qui ne lui doit rien (5). Quel est le motif de cette décision ? Nous dirons tout d'abord qu'en accordant au tiers délégué l'exception qui protége la femme, on empêche ainsi l'action *mandati contraria* qu'il a contre elle. Mais pour le fidéjusseur une seconde raison peut être donnée, c'est que le sénatus-consulte a improuvé l'obligation tout entière, les accessoires

---

(1) L. 2, p. 5, *ad* S.-C. *Vell.* (D. 16, 1).
(2) L. 32, p. 4, *ad* S.-C. *Vell.* (D., 16, 1).
(3) L. 3, *ad* S.-C. *Vell.* (D., 16, 1).
(4) L. 8, p. 5, *ad* S.-C. *Vell.* (D., 16, 1).
(5) L. 6, L. 8, p. 4, *ad* S.-C. *Vell.* (D., 16, 1).

aussi bien que le principal : *Quia totam obligationem senatus improbat*, nous dit Julien (1).

Les dispositions du sénatus-consulte Velléien nuiraient gravement aux intérêts des créanciers si ceux-ci perdaient par suite de l'exception tout moyen de remboursement. Aussi la loi les rétablit-elle dans leurs anciens droits et leur permet-elle d'intenter l'action qu'ils avaient contre le débiteur originaire. C'est une espèce de restitution commandée par l'équité. Elle a lieu même dans le cas où le créancier aurait libéré son débiteur en lui faisant acceptilation avant que la femme ne fût intervenue, pourvu toutefois qu'il fût bien constaté que l'acceptilation n'a eu lieu qu'en vue de l'intervention de la femme (2). Nous ajouterons que la restitution est complète, c'est-à-dire que le créancier recouvre sa créance avec tous les avantages qui y étaient attachés, avant même que la femme ait payé, ou que la condition ou le terme de l'obligation soit arrivé : *Si mulier contra senatus-consultum intercesserit, æquum est non solum in veterem debitorem, sed et in fidejussores ejus actionem restitui : cum mulieris persona subtrahatur creditori propter senatus-consultum, integra causa pristina restituenda est* (3).

(1) L. 16, p. 1, *ad* S.-C. *Vell.* (D., 16, 1).
(2) L. 8, p. 7, *ad* S -C. *Vell.* (D., 16, 1).
(3) L. 14, *ad* S.-C. *Vell.* (D., 16, 1).

SECTION V.

De la novation par dotis dictio.

La *dictio dotis* consistait en des paroles solennelles par lesquelles la personne qui voulait constituer la dot déclarait au mari que telle somme ou telle chose lui serait donnée en dot (1). De là naissait une obligation *verbis*, offrant de notables différences avec la stipulation ; ainsi l'interrogation n'émanait pas du créancier, mais du débiteur. Quant au mari créancier comment exprimait-il son acceptation ? nous ne le savons pas au juste ; peut-être disait-il *accipio* (2). La stipulation était une forme de contracter qui appartenait à tous ; la *dictio dotis* était réservée à certaines personnes. Ulpien, dans ses Fragments, nous dit que la femme, le débiteur de la femme et ses ascendants pouvaient seuls *dotem dicere* (3). Quelle était l'action qui résultait de cette obligation verbale, c'était probablement une *condictio certi* ou *incerti*, comme celle qui résulte de la stipulation.

On est étonné, en parcourant le Digeste, de ne rencontrer dans aucun texte les mots *dotem dicere*, mais c'est facile à comprendre. La *dotis dictio* n'était plus en usage du temps de Justinien, et les compilateurs n'hésitèrent pas à substituer le mot *promissio* au mot *dictio*. Cette substitution est palpable

(1) L. 25, L. 44, p. 1, L. 46, p. 1, *De jure dotium* (D., 23, 5).
(2) Térence, Andria 5.
(3) Ulp., Reg. 6, p. 2.

dans un assez grand nombre de textes, où par mégarde
on a laissé des traces de l'ancienne formule, ce qui
trahit les corrections. Le plus important pour nous se
trouve dans notre titre. C'est la loi 31, pr., *De novat.*
Venuleius se demande si l'un de deux *rei stipulandi* a
le pouvoir de faire novation de la dette entière, et alors
il pose des espèces. Dans la première nous voyons
que si l'un des stipulants a donné mandat à son créancier de stipuler du promettant, l'obligation corréale
sera éteinte, même à l'égard du second *correus stipulandi*. Puis vient une autre hypothèse : Titius est débiteur d'un fonds envers deux *rei stipulandi*, dont l'un
est une femme ; celle-ci se marie à Seius et lui donne
mandat de se faire promettre par Titius le fonds que
doit celui-ci. Après cette promesse l'obligation corréale est éteinte, et Titius désormais sera tenu envers
Seius. On n'aperçoit pas l'utilité de cette seconde hypothèse après la précédente ; dans le premier cas, le
délégant veut se libérer d'une dette, dans le second
se constituer une dot : l'effet produit est toujours l'extinction de l'obligation primitive. Il est évident que
Venuleius avait écrit *dicere* au lieu de *promittere*, voulant montrer que la *dictio* faite par le débiteur sur l'ordre d'un des créanciers, a la même puissance extinctive que la stipulation.

La suite du texte vient encore à l'appui de cette
explication. Venuleius suppose que la femme, au lieu
d'épouser Seius, épouse le débiteur lui-même et lui
promet le fonds dû à titre de dot. Comme dans
les espèces précédentes, le débiteur sera libéré à l'é-

gard des deux *correi stipulandi.* Il est évident que le jurisconsulte avait parlé d'une *dictio dotis* et non pas d'une promesse ; car si la femme promettait à son débiteur par stipulation ce que celui-ci lui devait, il y avait une nouvelle obligation créée et non pas extinction de l'ancienne. Sans doute, depuis la constitution de Marc-Aurèle, le débiteur pouvait opposer à la femme la compensation au moyen de l'exception de dol ; mais comment comprendre que l'obligation fût également éteinte à l'égard du second *correus ?* Venuleius suppose une extinction *ipso jure* qui ne pouvait résulter que d'une *dictio.* On voit en effet, dans plusieurs textes, que la *dictio* remplaçait quelquefois l'acceptilation, quand on voulait libérer le débiteur (1).

La novation provenant de la *dotis dictio* pouvait-elle être subordonnée à une condition ? La loi 80 *De jure dot.*, nous montre que la question était discutée entre les jurisconsultes, lorsqu'une femme avait donné l'ordre à son débiteur de *dotem dicere.* Labéon pensait que la femme pouvait, avant le mariage, revenir sur ce qui avait été fait, réclamer à son débiteur ce qui lui était dû, et le libérer ainsi de l'obligation contractée envers son mari. Javolenus soutenait avec raison l'opinion contraire, car la femme n'étant plus créancière que sous la condition que le mariage n'aura pas lieu, ne doit pouvoir poursuivre qu'après abandon formel du projet de mariage (2).

(1) L. 77, *De jure dot.* (D., **23**, **5**), et le Com. de M. Pellat, p. 592. — M. Demangeat, *De duobus reis*, p. 56 et suiv.
(2) M. Pellat, *De jure dot.*, p. 420. 421.

Lorqu'un tiers se croyant à tort débiteur du délégant, s'oblige envers le délégataire, il n'en est pas moins obligé envers celui-ci : nous l'avons vu précédemment. Mais que décider en cas de *dotis dictio?* Une distinction est nécessaire. Si c'est un étranger qui se croyant débiteur de la femme a constitué la dot, comme il n'est pas compris au nombre des personnes auxquelles la *dictio* est permise, il fera un acte nul et ne sera pas obligé. Si c'est le père ou un ascendant paternel qui ont constitué la dot, comme ils peuvent *dotem dicere*, ils sont tenus : *Pater etiam si falso existimans se filiæ suæ debitorem esse dotem promisisset, obligatur* (1). Ici encore il est évident que le texte a été altéré, car autrement il n'aurait fait qu'appliquer une règle générale à un cas particulier, tandis qu'en le corrigeant on comprend qu'une explication fût nécessaire dans cette hypothèse.

SECTION VI.

De la novation par les nomina transcriptitia.

A Rome, le chef de famille tenait un registre domestique dans lequel il consignait exactement ses opérations, ses revenus et ses bénéfices : on l'appelait *codex accepti et depensi*, ou *tabulæ*. Pour rédiger avec soin ces *tabulæ*, les Romains inscrivaient d'abord leurs notes sur une sorte de brouillon nommé *adversaria*, et de là les mentions étaient reportées avec ordre sur le

(1) L. 16. p. 2. *De jure dot.* D., 25, 3.

registre. Les mentions n'étaient souvent que des in-
struments de preuve ; mais si elles étaient faites sur le
codex en vertu de l'accord des parties et avec la formule consacrée, l'obligation naissait. Nous avons peu
de renseignements sur le contrat *litteris*. Il n'existait
plus sous Justinien, et c'est ce qui explique le silence
du Digeste : Tribonien l'a supprimé partout où il était
mentionné.

Les *nomina transcriptitia* étaient très-utiles parce
qu'ils faisaient naître entre les parties une obligation
civile et servaient à nover une dette antérieure. Ils
n'intervenaient jamais qu'en matière d'argent, se
référaient toujours à une *pecunia certa*, et ne donnaient
lieu qu'à la *condictio certi*. Quelques personnes ont
soutenu qu'il n'existait pas de novation *litteris*, vu que
Gaïus ne mentionne pas l'expensilation parmi les
causes de novation et qu'aucun texte n'en parle d'une
manière positive. Nous repousserons cette opinion en
disant que le mot *transcriptio* semble bien indiquer
une transformation et en nous fondant sur la para-
phrase de Théophile (1) et sur le passage de Cicéron
où est rapportée l'histoire du chevalier Canius.

Gaïus (2) nous apprend que le contrat *litteris* a lieu
de deux manières : soit *a re in personam* lorsque je
porte sur mon registre à la charge de Titius comme
pesé et donné ce qu'il me devait déjà pour cause
d'achat, de louage, de société ou pour un autre motif
préexistant. La première obligation est éteinte et rem-

(1) L. 5, t. 21.
(2) Com. 5, p. 128 à 155

placée par une nouvelle formée *litteris ;* soit *a persona in personam :* le créancier inscrivait sur son registre le nom d'un nouveau débiteur délégué par l'ancien, de telle sorte que l'obligation du délégant se trouvait éteinte et le délégué était seul tenu en vertu du contrat *litteris.* Le *nomen transcriptitium* étant un mode d'obligation du droit civil, semblerait devoir être réservé aux seuls citoyens romains. Cependant les jurisconsultes de l'école sabinienne le déclaraient applicable aux pérégrins, lorsque le contrat avait lieu *a re in personam,* non lorsqu'il avait lieu *a persona in personam.*

On avait cependant créé pour les pérégrins une nouvelle obligation littérale résultant des *chirographa* et *syngraphæ.* Les premiers étaient des écrits signés du débiteur seul, les seconds des deux parties. Ils avaient une force obligatoire aussi parfaite que les *nomina transcriptitia ;* les mots *fieri videtur* du § 134 de Gaïus signifient simplement que ces écrits sont comme les *nomina,* qu'ils en tiennent lieu à l'égard des étrangers ; les *syngraphæ* tombèrent les premiers en désuétude ; on ne trouve que le *chirographum* dans les lois de Justinien. Ainsi, aux Institutes, ces mots : *si quis debere se scripserit* (1) indiquent suffisamment qu'il s'agit de cet écrit.

N. B. Faut-il dire que le constitut opère une novation ? Le constitut est un pacte prétorien par lequel le débiteur ou un tiers indique un jour pour payer une

____

(1) Inst., 3, t. 21.

dette déjà existante. Il présente une grande utilité
dans le cas où il est fait par un tiers, car ce tiers se
trouve obligé comme caution, sans qu'il y ait fidéjussion, et dès lors le créancier a deux débiteurs. Ce
résultat nous est signalé par les textes (1), et la survie
de la première obligation éloigne toute idée de novation. Mais le pacte peut émaner du débiteur lui-même.
Dans ce cas l'utilité du pacte se manifestera surtout
lorsque l'obligation préexistante du débiteur sera une
obligation naturelle, car le pacte de constitut procu-
rera alors au créancier l'action qui lui manquait. Ici
encore nous croyons que le constitut n'opérera pas
novation. La loi 10 *De pecunia constituta* (2), paraît
s'opposer à cette solution. Paul décide que lorsque le
débiteur avait fait un pacte de constitut avec l'un de
ses créanciers solidaires, il ne pouvait plus payer valablement entre les mains des autres; que s'il l'avait
fait il pouvait être néanmoins poursuivi par l'action
constitutæ pecuniæ, sauf à intenter contre celui auquel
il avait payé la *condictio indebiti.* Mais cette décision
s'explique par la grande affinité que les Romains
voyaient entre ce pacte et le payement, ce qui résulte
d'ailleurs de la fin du texte, et aussi par ce principe
qu'entre deux *correi stipulandi,* c'était celui qui arrivait le plus tôt qui avait le bénéfice de l'obligation.
La loi 8 donne une décision semblable dans le cas où
il s'agit d'un pacte de constitut intervenu entre le dé-

(1) L. 28, *De pec. const.* (D., 13, 5).
(2) L. 10, *De pec. const.* (D., 13, 5).

biteur et son créancier, lorsqu'il y a un *adjectus solutionis gratia*. Par l'effet du constitut le débiteur perd
le droit de payer à l'*adjectus*.

II

DE LA NOVATION JUDICIAIRE OU DES EFFETS
DE LA LITIS CONTESTATIO.

L'expression *litis contestatio* a changé de signification aux différentes phases de la procédure romaine.
Sous le système des actions de la loi, le magistrat
n'avait pas l'usage de constater par écrit la question
soumise au juge. Mais les parties prenaient des témoins
qui rapportaient au juge les termes et la nature de la
mission qui lui était confiée ; et l'on appelait *litis contestatio* l'invocation solennelle que les plaideurs adres-
saient à ces témoins lorsque le juge était institué (1).
Cet usage disparut comme inutile, quand les pouvoirs
du juge furent déterminés dans une formule écrite ;
dès lors les mots *litem contestari* ne désignent plus que
la délivrance de la formule et la clôture du débat qui
s'est passé *in jure* devant le magistrat. La loi, 1 au
Code *De litis contestatione*, qui ferait supposer que la
litis contestatio avait lieu *in judicio*, est considérée par

____

(1) Festus, au mot *Contestari*.

tous comme interpolée par Tribonien pour l'accom-
moder au système des *judicia extraordinaria* où la *litis
contestatio* ne résultait plus que des conclusions prises
par les parties devant le magistrat au commencement
des débats.

La *litis contestatio*, sous le système formulaire, avait
pour principal effet de lier les parties, de faire naître
entre elles l'obligation de subir le cours de l'instance
et les conséquences qui pourront résulter de la sentence : *Obligatio quidem principalis dissolvitur, incipit
autem reus teneri litis constestatione* (1). Cette obligation venait se substituer à l'ancienne, de telle sorte
que le demandeur ne pouvait plus invoquer avec succès son droit primitif désormais transformé : *res deducta erat in judicium.*

Cette extinction du droit du demandeur pouvait
avoir lieu de deux manières différentes : *ipso jure* ou
exceptionis ope. Les conditions exigées pour l'extinction *ipso jure* nous sont indiquées par Gaïus : Il fallait
1° que le *judicium* fût *legitimum* et non pas *imperio
continens* (2). L'instance légitime était celle qui avait
lieu à Rome ou dans le rayon d'un mille autour de
Rome, devant l'*unus judex*, citoyen romain, et entre
plaideurs également tous citoyens. Il n'y avait de *judicium* reconnu par le droit civil que celui qui réunissait
ces diverses conditions. Les *judicia imperio continentia*
n'avaient pas d'autre durée que celle du pouvoir du magistrat qui les organisait ; c'est même de là qu'ils ti-

(1) Gaïus, 5, p. 180.
(2) Gaïus, 4. p. 104, 105.

raient leur nom. Si le magistrat mourait ou quittait ses
fonctions, toutes les instances de cette nature s'éva-
nouissaient à l'instant. Aussi eût-il été bien rigoureux
dans ses instances de faire éteindre *ipso jure* le droit
du demandeur pour lui en substituer un autre qui aurait pu lui être enlevé par un fait complétement indé-
pendant de sa volonté ;

2° Que l'action fût *in personam* et non *in rem ;*

3° *Concepta in jus* et non *in factum.* Ces deux der-
nières conditions sont faciles à expliquer. Il est bien
évident qu'un droit réel ne peut pas s'anéantir parce
qu'il y aura eu *litis contestatio ;* de même un fait ne
peut pas se transformer par cela seul qu'un juge aura
été chargé d'en vérifier l'existence. Si les conditions
que nous venons d'énumérer n'étaient pas réunies, le
défendeur n'avait que la ressource de faire insérer
dans la formule l'exception *rei judicatæ* ou *in judicium
deductæ,* selon qu'il y avait eu jugement ou que l'instance était pendante ou périmée.

Cette distinction entre les cas où la consommation
du droit du demandeur avait lieu *ipso jure* et ceux où
elle ne se produisait qu'*exceptionis ope* n'offre vraiment
de l'intérêt qu'au temps classique de la jurisprudence.
Dans le Bas-Empire tous les *judicia* étaient devenus
imperio continentia et il était toujours nécessaire d'a-
voir recours aux exceptions. C'est ce que nous disent
les Institutes : *Nihilominus obligatio durat... sed debes
per exceptionem rei judicatæ adjuvari* (1).

Nous avons intitulé notre chapitre *de la novation*

<hr>

(1) Inst., 4, 13, p. 5.

judiciaire ; mais est-il bien exact de dire que la *litis contestatio* opère novation? Quelques doutes s'élèvent dans l'esprit quand on voit que Gaïus, après avoir parlé des différents modes d'extinction des obligations, ajoute : *Tollitur adhuc obligatio litis contestione* (1). Ces mots sembleraient indiquer que les Romains voyaient dans la *litis contestatio* un mode *sui generis* d'extinction. D'ailleurs on ne peut se dissimuler qu'il y a une grande différence entre la *litis contestatio* et la novation volontaire : la dernière seule éteint les hypothèques et accessoires de l'obligation primitive. Néanmoins nous avons préféré conserver ici le mot *novation* ; on le trouve employé par la plupart des anciens commentateurs. Sans doute, dans la langue des jurisconsultes romains, cette expression était habituellement réservée à la novation conventionnelle; cependant on trouve dans un texte de Papinien les mots *delegatio* et *novatio* à propos de la *litis contestatio* (2). Ulpien, dans la loi 11, p. 1, de notre titre, semble bien mettre sur la même ligne la novation volontaire et la *litis contestatio*. Il est certain que les effets qui se produisent dans le premier cas sont bien différents de ceux qui se produisent dans le second ; mais cela concédé, que manque-t-il à la *litis contestatio* pour qu'il y ait novation? N'y a-t-il pas une obligation nouvelle qui vient se substituer à l'ancienne désormais éteinte? Ce qui fortifie encore cette explication, c'est le parallèle que Paul, dans la loi 29, *De nov.*, fait entre la novation vo-

(1) Gaïus, C. 3, 180.
(2) Fragm. Vatic., p. 265.

lontaire et le *judicium acceptum ;* car pourquoi parler de la novation volontaire, si la novation ne peut exister que de cette façon (1)? Donc la *litis contestatio* produit une novation ; seulement, en raison de la nature même des choses, ses effets sont moins énergiques que ceux de la novation ordinaire. C'est, en effet, une règle de droit et aussi d'équité qu'un créancier en actionnant son débiteur ne rend pas sa condition pire : *Neque enim deteriorem causam nostram facimus actionem exercentes, sed meliorem* (2). Peut être arriverait-on à concilier les deux opinions en disant qu'il se produit une *novation imparfaite :* cette dernière expression nous paraît la plus exacte.

Cette espèce de novation que produit la *litis contestatio* n'est pas toujours forcée. Cette dénomination ne peut s'appliquer lorsque c'est une personne autre que le débiteur qui s'offre au procès pour lui. La délégation peut, en effet, se faire *per litis contestationem ;* or c'est un acte qui dépend tout à fait de la volonté des parties (3).

Faut-il dire que c'est par l'effet de la *litis contestatio* que lorsqu'un créancier poursuit l'un de ses débiteurs solidaires, les autres se trouvent libérés et lorsque le créancier poursuit le débiteur principal, l'obligation du fidéjusseur disparaît? Quelques personnes le soutiennent. Il semble, dit-on, que les Romains voyaient dans la dette corréale, non pas une obligation unique

---

(1) M. Machelard, *des Oblig. naturelles,* p. 546 et suiv.
(2) L. 29, *De nov.* (D., 46, 2).
(3) L. 11, *De nov.* (D., 46, 2).

restant en suspens jusqu'à l'action, mais plusieurs obligations. Cependant, comme ces obligations formaient
une même dette quant à leur objet, on décidait que la
litis contestatio qui amenait l'extinction de l'une, étei-
gnait aussi l'autre : *Ut cum altera earum in judicium
deduceretur, altera consumeretur* (1). Un autre argument en faveur de ce système, se tire de la loi 3, *De
separationibus* (2). Papinien suppose qu'un fidéjusseur
est mort laissant pour héritier le débiteur principal.
Le créancier qui ayant demandé la séparation des patrimoines n'est pas payé intégralement sur les biens
du fidéjusseur, peut-il se faire payer l'excédant par le
débiteur principal ? Le jurisconsulte l'admet, car bien
que le créancier a fait une option, il n'y a pas eu de
litis contestatio.

Nous préférons admettre l'autre opinion, en vertu
de laquelle la libération des codébiteurs et du fidéjusseur tient uniquement à ce principe que la stipulation étant un contrat de droit strict, la chose due
ne peut être demandée qu'une fois, et l'action est
éteinte *unius electione ;* ce qui prouve que tel était le
motif de cette règle, c'est qu'il n'en est pas ainsi dans
les contrats de bonne foi : *Non enim electione, sed so-
lutione liberantur* (3). Celui des *correi promittendi* qui est
réellement débiteur est indéterminé, mais la *litis contestatio* opère détermination, de même que le choix
dans le cas d'une obligation alternative détermine

(1) L. 5, *De fidej.* (D., 46, 1).
(2) D. 42, 6.
(3) L. 1, p. 15, *Deposit. vel contra* (D., 16, 3).

l'objet dû. A l'appui de cette opinion, on peut citer des textes assez nombreux, où pour indiquer que la poursuite exercée contre l'un libère les autres, on emploie les mots *eligere*, *electio*. Ainsi Paul, dans ses Sentences, nous dit : *Electo reo principali, fidejussor vel heres ejus liberatur* (1). La loi 5, *De fidejuss.*, ne vient pas contrarier ce système. Ulpien parle de diverses obligations, mais évidemment à un point de vue spécial et non pas d'une manière absolue. A l'objection tirée de la loi 3, *De separat.*, nous répondrons que ce qu'il faut considérer, ce n'est pas une option manifestée d'une façon quelconque, c'est seulement celle qui résulte de la *litis contestatio*. Or dans cette loi il n'y a pas délivrance de formule. Enfin nous ferons observer que la novation judiciaire est impuissante à expliquer un résultat en désaccord avec le principe général de la loi 29, *De nov.*, et qui se produit encore longtemps après que tous les *judicia* sont devenus *imperio continentia* (2).

La novation judiciaire se distinguait sous bien des rapports de la novation conventionnelle. La première s'opérait alors même que les parties auraient dit que telle n'était pas leur intention; il en était autrement de la seconde. La capacité était plus restreinte dans l'une que dans l'autre. Ainsi les fils de famille n'étaient point capables de nover par la *litis contestatio*, car les actions qu'ils intentaient étaient rédigées *in factum* (3). Nous

(1) Sent rec., L. 2, t. 17, p. 16 ; L. 7, p. 4, *Quod falso tutore* (D., 27, 6); L. 28, C., *De fidej.* (8, 41).

(2) L. 28, C., *De fidejuss.* (8, 41); V. M. Demangeat, *De duobus reis*, p. 72 et 73.

(3) L. 9, L. 13, *De oblig. et act.* (D., 44, 7).

avons déjà cité la loi 29, *De nov.*, où Paul fait le parallèle de la novation volontaire et du *judicium acceptum.* Cette loi est ainsi conçue : *Perit privilegium dotis et tutelæ, si post divortium dos in stipulationem deducatur, vel post pubertatem actio novetur, si id specialiter actum est : quod nemo dixit lite contestata.*

Ces modifications apportées aux conséquences ordinaires de la novation sont très-raisonnables : il ne faut pas que le créancier forcé d'agir en justice soit en quelque sorte puni par la perte des garanties qui accompagnaient son droit. Ce que la loi 29 dit des priviléges, il faut le dire des hypothèques et de tous les autres accessoires. En exigeant une hypothèque, le créancier a eu pour but de se faire payer. Or *solutum non videtur si lis contestata cum debitore sit de ipso debito* (1).

Le cours des intérêts n'était pas interrompu. La loi 1, au C., *De judiciis* (3, 1), vient à l'appui de cette décision, en disant que l'organisation du *judicium* est sans influence pour arrêter le cours des intérêts qui auraient été stipulés. C'est ce que Pomponius avait déjà dit : *Etiam si sortis obligatio in judicium sit deducta, adhuc tamen pœna crescit, quia verum est solutam pecuniam non esse* (2).

Paul, dans la loi 35, *De usuris* (3), s'exprime d'une façon si laconique (*lite contestata usuræ currunt*) que certains auteurs ont cru d'après ce texte que dans les

1) L. 11, pr., *De pignor. act* (D., 15, 7).
2) L. 90, *De verb. oblig.* (D., 45, 1).
3) L. 35, *De usuris* (D., 22, 1).

actions de droit strict la *litis contestatio* faisait courir les intérêts d'une dette qui auparavant n'en produisait pas. Aujourd'hui on explique généralement ainsi cette loi : si les intérêts couraient avant la *litis contestatio*, ils continueront de courir, et cette opinion devient très-vraisemblable, lorsqu'on rapproche de la loi 35 la loi 18, *De novation*. (Toutes deux sont tirées du liv. 57 de Paul, *Ad edictum*.) La réunion de ces deux textes, dont l'un est la suite de l'autre, enlève toute obscurité : *Novatione legitime facta, liberantur hypotheca et pignus, usuræ non currunt; lite contestata usuræ currunt.*

Une autre différence doit être signalée entre la *litis contestatio* et la novation volontaire. La première laisse subsister une obligation naturelle qui pourra être garantie par fidéjusseur : *post litem contestatam fidejussor accipi potest : quia et civilis et naturalis subest obligatio* (1); la seconde éteint radicalement la première obligation.

Une fois l'action organisée par la délivrance de la formule, la position du créancier s'améliorait : son droit devenait plus stable, en ce sens que les actions temporaires devenaient perpétuelles, et que les actions intransmissibles devenaient transmissibles. *Litis contestatione*, nous dit Paul, et *pœnales actiones transmittuntur, ab utraque parte, et temporales perpetuantur* (2). C'est de là que vient l'adage si connu : *Actiones quæ tempore vel morte pereunt, semel inclusæ*

---

(1) L. 8, p. 5, *De fidejus.* (D., 46, 1).
(2) L. 8, p. 1, *De fidej. et nominat.* (D., 27, 7).

judicio salvæ permanent. Nous dirons encore que le créancier solidaire, qui obtenait la délivrance d'une formule contre le débiteur, s'attribuait seul le bénéfice de la créance, s'il n'y avait pas de société formée entre lui et ses cocréanciers (1).

La *sententia* produisait des effets analogues à ceux de la *litis contestatio.* Elle réalisait l'obligation d'être jugé, qu'avait fait naître la *litis contestatio;* en outre, il naissait pour le défendeur condamné une obligation nouvelle, celle d'exécuter la sentence. Gaïus exprime en quelques mots ces vicissitudes dans les obligations du défendeur : *Ante litem contestatam debitorem dare oportere, post litem contestatam, condemnari oportere. post condemnationem judicatum facere oportere* (2).

(1) L. 31, p. 1, *De nov.* (D., 46, 2); L. 16, *D. duobus reis* (D., 45, 2 .
(2) Gaïus, C. 3, p. 180.

DROIT FRANÇAIS.

DE LA NOVATION.
Cod. Nap., art. 1271 à 1281.

La novation est la transformation d'une obligation
en une autre. Après le payement, c'est dans notre
droit un des modes les plus fréquents d'extinction des
obligations ; mais elle diffère du payement en ce qu'elle
est à la fois extinctive et productive d'obligations. Le
créancier n'abandonne son droit ancien qu'à la condition d'en acquérir un nouveau. Elle a de l'analogie
avec la dation en payement ; mais, au lieu de procurer au créancier la propriété d'un nouvel objet, elle
lui attribue une nouvelle créance. Quant aux formes,

nous ne trouvons plus les règles rigoureuses du droit romain ; pourvu que la seconde convention réunisse toutes les conditions nécessaires à la validité des contrats, quelle que soit la manière dont elle s'est formée. il y aura novation.

Nous voyons dans l'art. 1271 que la novation peut s'opérer de trois manières différentes :

1° Lorsqu'une nouvelle dette vient prendre la place de l'ancienne, le débiteur et le créancier restant les mêmes ;

2° Lorsque le créancier seul est changé ;

3° Lorsqu'un nouveau débiteur est substitué à l'ancien. Dans ce dernier cas, la novation s'opère, soit par expromission, soit par délégation.

La novation peut avoir lieu aussi par le changement de la cause de la dette ; c'est un quatrième mode dont ne parle pas la loi. Vous me devez une certaine somme à titre de louage ; je consens à vous la laisser à titre de prêt à intérêt : à la dette née du contrat de louage s'est substituée une dette née d'un prêt. L'objet de la dette, le débiteur et le créancier sont les mêmes, la cause de la dette seule est changée.

Les conséquences de cette novation sont importantes dans l'espèce ; l'ancienne dette était en effet prescriptible par cinq ans (art. 2277) et garantie par un privilége (art. 2102) ; la nouvelle est prescriptible par trente ans et n'est garantie par aucun privilége.

Ces différents modes de novation peuvent se combiner et concourir pour éteindre une seule obligation. Un tiers s'oblige à vous donner son cheval, si vous me déchargez des 1.000 francs que je vous dois ; il y a changement de débiteur et changement d'objet. Si le tiers, sur votre ordre, avait promis le cheval à votre père, il y aurait aussi changement de créancier. Réciproquement une seule novation peut éteindre du même coup plusieurs obligations ; je vous dois à la fois un cheval et une maison, vous pouvez me tenir quitte des deux moyennant une somme déterminée que je m'oblige à vous donner.

Il importe de distinguer la novation de deux autres opérations juridiques avec lesquelles elle a une grande affinité : nous voulons parler de la subrogation et de la cession de créances que nous comparerons à la novation par le changement de créancier et à la délégation.

Rappelons d'abord la définition de la subrogation : nous adoptons sur ce point le système de ceux qui enseignent que la subrogation est la substitution d'un créancier à un autre, de façon que la dette éteinte dans les rapports du créancier originaire avec le débiteur soit censée revivre au profit du tiers qui a désintéressé le créancier. Quant à la cession, on sait que c'est le transport de la créance d'une tête sur une autre. L'idée essentielle de la subrogation ainsi comprise, c'est qu'elle est extinctive à un certain point de vue et transmissive à un autre ; celle de la cession, c'est qu'elle constitue une pure transmission. Quant à la novation par le changement de créancier, elle est purement extinctive. Enfin, la délégation est doublement extinctive en tant qu'elle substitue au débiteur originaire une personne qui est tenue envers lui.

De ces prémisses résultent les conséquences suivantes. D'abord en ce qui concerne la subrogation comparée à la novation, les qualités de la dette originaire dans la subrogation : compétence du tribunal, élection de domicile, lieu désigné pour le payement, contrainte par corps, etc., passent à la dette qui renaît au profit du subrogé ; dans la novation, les qualités ne passent pas. Il faut remarquer que dans le système de ceux qui considèrent la subrogation comme purement extinctive, les qualités de l'ancienne dette ne sont pas transportées à la nouvelle.

Une autre différence, c'est que dans la subrogation les accessoires, cautionnement, hypothèques, etc., subsistent, tandis que dans la novation, il faut, quant au cautionnement, que la personne qui a garanti l'ancienne dette garantisse aussi la nouvelle, et quant aux hypothèques qu'elles soient formellement réservées.

Dans la subrogation, le débiteur est quitte envers le subrogé en lui remboursant, non pas le montant de la dette, mais le prix qu'il a payé. Au contraire, dans la novation, le nouveau créancier a toujours le droit d'exiger le montant de la créance entière. D'où nous croyons légitime de tirer cette conséquence que la subrogation ne peut avoir lieu qu'à titre onéreux, tandis que la novation peut être soit à titre onéreux, soit à titre gratuit. Je suppose, en effet, qu'un créancier déclare subroger un tiers son donataire, à la créance qu'il a contre Jacques ; si le subrogé poursuit Jacques, celui-ci dira : En vertu des principes de la subrogation, je ne vous dois que

vos déboursés ; or, vous n'avez rien déboursé, donc
je ne vous dois rien. Il est évident qu'il ne faut pas
prendre à la lettre le mot *subroger* employé par le
créancier. Il y a ici tout simplement une cession dé-
guisée, et le tiers aura intérêt à se prévaloir de cette
cession pour repousser la prétention du débiteur. Mais,
d'un autre côté, nous comprenons très-bien une novation à titre gratuit ; rien n'empêche que le créancier
convienne avec son débiteur que celui-ci s'obligera
envers une autre personne, laquelle n'est qu'un donataire du créancier.

Il y a d'autres points sur lesquels on doit distinguer la subrogation de la novation. C'est ainsi que,
dans le cas d'une subrogation partielle, si la créance
est garantie par une hypothèque, le subrogeant prime
le subrogé pour ce qui lui reste dû ; dans la novation, le tiers qui acquiert une partie de la créance
vient au même rang que le créancier primitif. De
plus, il y a les subrogations légales ; nous ne con-
naissons pas de novation légale. Inutile de remarquer
que les formes ne sont plus les mêmes.

En ce qui concerne la cession comparée à la novation, nous mettrons en relief une différence importante : dans la cession, le cédant garantit au cessionnaire l'existence de la créance ; dans la novation, il
n'y a aucune garantie.

SECTION PREMIÈRE.

De la novation proprement dite.

§ 1. De l'obligation qui peut être novée, et de celle qui la nove.

La novation proprement dite ou la novation réelle est celle qui a lieu par un simple changement d'objet, le débiteur et le créancier restant les mêmes. Les parties sont parfaitement libres de substituer à l'ancienne obligation une nouvelle obligation plus avantageuse peut-être au créancier. Mais l'idée qu'il faut surtout noter, parce qu'elle est fondamentale, c'est que la novation a deux faces; elle éteint une obligation, elle en crée une autre. Il est clair que si le créancier consent l'abandon de sa créance, c'est par suite de la soumission du débiteur à un lien nouveau. Donc deux obligations, dont l'une remplace l'autre, voilà ce qui est de l'essence de la novation.

Il suffit que l'obligation primitive ait précédé l'autre d'un instant de raison. Pothier (1) cite le cas où, dans un acte de vente, un tiers intervient et s'oblige à payer le prix au vendeur, qui déclare décharger l'acquéreur. La première obligation et sa novation sont alors presque simultanées.

Si l'obligation antérieure est éteinte au moment où la seconde est contractée, la novation doit être consi-

1) *Traité des oblig.*, n° 587.

dérée comme non avenue ; il s'ensuit que si le débiteur avait payé quelque chose en vertu du second engagement, il aurait une action en répétition de l'indù contre le créancier. Mais si la chose due a péri par la faute du débiteur, la novation postérieure sera valable parce que les dommages-intérêts dus au créancier constitueront une dette susceptible d'être novée.

Il résulte également des principes posés qu'une dette nulle n'est pas susceptible de novation, parce qu'on ne peut pas éteindre ce qui n'a jamais existé. A l'inverse, une dette valable ne saurait être novée par une dette nulle ou illicite, puisque la création de cette dernière n'a pu être la cause de l'extinction de la première. Mais que faut-il décider si l'une des dettes, au lieu d'être nulle, n'est qu'annulable ? Et tout d'abord demandons-nous si une dette valable peut être irrévocablement novée par une dette annulable ? Ainsi, une femme mariée, non autorisée, substitue à l'obligation qu'elle avait contractée valablement avant le mariage une seconde obligation ; elle obtient l'annulation de cette dernière ; quel est le sort de la première ? — Nous n'hésitons pas à soutenir que la première obligation n'est pas irrévocablement novée. On sait que tout se tient et s'enchaîne dans la novation ; pour qu'il y ait extinction d'une obligation, il faut qu'il y ait création d'une obligation nouvelle. Or, ici cette nouvelle obligation manque absolument. De même que par l'effet rétroactif de la ratification une obligation annulable est censée avoir toujours été valable, de même par l'effet rétroactif du jugement

qui a prononcé la nullité de la nouvelle obligation,
cette obligation est censée n'avoir jamais existé. Notre
décision, parfaitement conforme à l'équité, n'est que
la conséquence rigoureuse et logique des principes.
Cependant plusieurs auteurs ont refusé de l'admettre (1). Nos adversaires invoquent deux arguments à
l'appui de leur système : tout d'abord cette règle de
droit qu'une obligation, une fois éteinte, ne peut revivre à moins qu'un juste motif ne milite en faveur du
créancier. Or, le créancier est dans une position très-
défavorable; c'est sa faute s'il a contracté avec un incapable, et aucune protection ne lui est due. Ils invoquent ensuite la loi 1, *De nov.*, où l'on voit qu'une
obligation valable peut être novée d'une façon définitive par l'obligation d'un pupille, qui s'est engagé *sine
tutoris auctoritate.*

Ces raisons ne nous paraissent pas du tout convain-
cantes. On dit en premier lieu qu'une obligation
éteinte ne peut pas renaître ; mais la question est justement de savoir si l'obligation est éteinte. Or, nous
soutenons qu'elle ne l'est pas, puisque par l'effet du
jugement la seconde obligation est mise à néant, et les
choses replacées dans le même état qu'auparavant.
Donc, sous peine de tomber dans un cercle vicieux, il
faut abandonner cet argument. Mais alors même qu'on
regarderait l'obligation comme ayant été vraiment
éteinte, on devrait appliquer la seconde partie de la
règle et faire revivre l'obligation par un motif d'é-

____

1) Toullier, t. 7, n°ˢ 298 et 302 ; Duranton, t. 12, n° 282.

quité. On objecte que le créancier ne mérite pas de protection ; — c'est aller trop loin. Sans doute, il a agi avec légèreté ; mais est-ce une raison pour attribuer à l'incapable un bénéfice inique? Il pourrait donc dire au créancier : Je ne vous dois rien en vertu de la seconde obligation annulée pour cause d'incapacité; je ne vous dois rien non plus en raison de la première, puisque vous y avez renoncé en faisant novation. Peut-on admettre un pareil raisonnement? ne serait-ce pas violer formellement l'art. 1312, d'après lequel l'incapable ne peut rien retenir de ce qui a tourné à son profit, lorsqu'il a fait prononcer l'annulation de son engagement? Sa libération est, pour le mineur, un avantage incontestable ; il ne peut donc continuer d'en profiter. Maintenant que répondrons-nous à la loi 1, *De novat.?* Que les principes du droit français sont ici tout autres que ceux du droit romain (1). A Rome, si le pupille peut nover, c'est qu'il s'oblige naturellement. La promesse nulle civilement pouvait très-bien être reconnue comme naturellement obligatoire. Chez nous, lorsqu'un incapable a fait annuler l'obligation qu'il a contractée, il ne reste pas tenu naturellement. Ainsi, quand le droit français déclare une obligation nulle civilement, c'est qu'il la présume aussi nulle naturellement jusqu'à preuve contraire, laquelle ne peut résulter que de l'exécution ou d'un autre acte constituant un aveu de la validité de l'obligation annulée.

Mais s'il apparaissait clairement, d'après les circon

(1) Marcadé, t. 4, p. 646 et suiv.

stances, que l'intention des parties a été de substituer une obligation annulable à une obligation valable, et cela d'une manière définitive, on devrait décider que la première obligation est irrévocablement éteinte. En effet, ce qu'il faut rechercher avant tout, c'est ce qu'ont voulu les parties ; le créancier pouvait faire remise de la dette, à plus forte raison peut-il se contenter désormais d'une obligation annulable ; mais, et nous insistons sur ce point, il faut que son intention soit manifeste, évidente, car les renonciations ne se présument pas. J'ai une créance de 10,000 francs ; mon débiteur meurt et son héritier mineur s'engage à me donner une maison au lieu des 10,000 francs, dont il demeurera déchargé. Si j'accepte la convention, j'accepte par cela même toutes les chances bonnes et mauvaises de l'opération. Le contrat n'est pas sans cause ; j'ai l'espérance de voir le mineur, arrivé à sa majorité, ratifier la novation et m'attribuer ainsi irrévocablement la propriété d'une maison dont la valeur est peut-être supérieure à celle de ma créance.

Dirons-nous à l'inverse qu'une créance annulable peut être novée par une créance valable ? Il faut, selon nous, faire une distinction qui a son fondement dans l'équité : ou bien le débiteur connaissait le vice de l'obligation qu'il novait, ou il l'ignorait. Dans le premier cas, il doit être considéré comme ayant voulu renoncer à l'action en nullité de son obligation ; car aux termes de l'art. 1338 l'exécution volontaire d'une obligation annulable équivaut à une ratification ; or nover, c'est payer dans un sens large et, par cela même.

c'est reconnaître la validité de la première obligation. Mais, dans le second cas, le débiteur qui ignorait le vice de la première obligation n'a pas perdu le droit d'en demander l'annulation, et si la nullité est prononcée, nous devons décider, conformément aux principes posés plus haut, que la novation n'a pu s'opérer ; en effet, il manque un des éléments indispensables à toute novation : une première obligation. En somme, il s'agit tout simplement pour le créancier de prouver que le débiteur, au moment de la novation, avait connaissance du vice.

Mais que décider si la novation a eu lieu, non entre le créancier et le débiteur, mais entre le créancier et un tiers ? En règle générale, nous dirons que si la première obligation est annulée, la novation tombera faute de cause. L'annulation est encore possible, car la novation consentie par le tiers n'enlève pas au débiteur son action. Le nouveau débiteur aura alors contre le créancier la répétition de l'indû, s'il s'est engagé par erreur dans l'ignorance du vice.

Il peut se faire que l'une des deux obligations soit subordonnée à une condition, la novation sera-t-elle aussi conditionnelle ? Elle sera conditionnelle, disaient les jurisconsultes romains (1), et plusieurs auteurs modernes ont admis leur doctrine. Nous ne saurions adopter une opinion aussi radicale, aussi absolue sur ce point. A Rome, on se préoccupait peu de la volonté des contractants. Une promesse conditionnelle, disait-

(1) L. 8, p. 1. L. 14, p. 1, De nov., D. 46. 2 : Pothier, Oblig., n° 585

on, n'est pas une obligation ; il n'y aura obligation et possibilité de novation qu'au moment où la condition s'accomplira. Mais en droit français, le grand principe qu'il faut appliquer en toute matière, et surtout dans celle-ci, c'est celui de l'art. 1156 : dans les conventions, on doit rechercher quelle a été la commune intention des parties contractantes, plutôt que de s'arrêter au sens littéral des termes. Sans doute, si on reconnaît que les parties ont entendu ne substituer la seconde obligation à la première qu'autant que la condition imposée à l'une de ces obligations s'accomplirait, on devra décider que la novation elle-même sera conditionnelle ; mais nous disons qu'il peut y avoir novation immédiate. Toute convention licite et faite avec intention de s'obliger, oblige en effet ; donc la novation immédiate et définitive, dans le cas d'une obligation conditionnelle, n'est pas impossible. On ne peut pas dire que la convention manque de cause ; presque toujours le créancier n'abandonnera une créance assurée que pour une créance aléatoire plus forte, et l'opération pourra présenter de l'intérêt pour les deux parties. Je vous dois cent francs, je ne puis vous payer ; je vous dis : Faites-moi remise des cent francs et je vous donnerai cinq cents francs, *si navis ex Asia venerit.* Vous acceptez parce que vous avez en expectative un droit plus avantageux. Moi, débiteur, de mon côté, je promets plus pour avoir la chance de ne rien payer. Il suffit, en résumé, que la volonté des parties contractantes soit bien claire, car les conventions doivent s'exécuter de bonne foi comme les par-

ties les ont comprises (1). Le simple terme ne suspend
pas la novation ; elle s'opère immédiatement, et comme
elle éteint entièrement la dette primitive, sauf réserves,
le terme de la première obligation n'est pas censé ré-
pété dans la seconde.

Une obligation naturelle peut servir de cause à une
obligation civile, peut être la matière d'une novation.
Par exemple, lorsqu'à une action civile la loi, par des
raisons d'intérêt public, oppose une exception péremp-
toire, comme la prescription, l'obligation naturelle du
débiteur continue d'exister : si ensuite ce débiteur
s'oblige à payer à son créancier, cette obligation, trou-
vant sa cause dans la dette naturelle, est parfaitement
valable. Cependant quelques auteurs (2) n'admettent
pas, dans ce cas, la survie d'une obligation naturelle,
c'est-à-dire civile, imparfaite; ils ne reconnaissent
qu'une obligation de conscience ou de morale; mais
nous préférons adopter l'opinion générale. Les mêmes
doutes s'élèvent dans l'esprit de quelques jurisconsultes
au sujet du failli concordataire qui a obtenu de ses
créanciers la remise d'une partie de sa dette. Nous
croyons qu'il peut valablement s'obliger à payer ce
qui excède le dividende promis, parce qu'il reste tenu
naturellement (3). Mais, dit-on, l'art. 604 du Code de
commerce exige du débiteur qui veut obtenir sa ré-
habilitation le payement de toutes ses dettes en capital,

<hr>

(1) M. Duranton, t. 12. n° 300 ; Marcadé, sur l'art. 1272, n° 5.
(2) Massol, *Traité de l'oblig. natur.*, p. 268 : Zachariæ (Aubry et Rau),
t. 2, p. 258.
(3) M. Duranton, t. 12, n° 293.

intérêts et frais ; il n'y a donc pas seulement une obligation naturelle, il y a une sorte d'obligation civile,
puisque le débiteur qui ne paye pas intégralement est
frappé d'une incapacité. Nous répondons que la loi
veut simplement encourager le débiteur à accomplir son obligation, et que le caractère d'obligation
naturelle subsiste ; car il n'y a au profit du créancier
aucun moyen de coercition. Par la novation, on trans-
formera cette obligation naturelle en obligation civile.

§ 2. Des personnes qui peuvent nover.

Pour que le contrat de novation se forme valablement, il faut que les deux parties soient capables,
non pas précisément de former toute espèce de contrat, comme semble le dire l'art. 1272, mais du moins
l'une d'aliéner la créance qu'on est convenu d'éteindre, l'autre de consentir l'obligation que l'on veut substituer à la première.

Si l'une des parties contractantes était incapable, la
novation n'en existerait pas moins ; mais le contrat
serait annulable et nous savons qu'aux termes de
l'art. 1125, l'incapable seul a qualité pour en faire prononcer la nullité, en agissant dans les délais de
l'art. 1304. Ainsi les mineurs, les interdits, les femmes
mariées ne peuvent pas valablement faire une novation.
Cependant en ce qui concerne les femmes mariées,
nous ferons une distinction : les femmes séparées de
biens peuvent disposer de leur mobilier et l'aliéner,
d'après l'art. 1449 ; nous en conclurons qu'elles peu-

vent nover leurs créances mobilières. Mais nous ne donnerons pas la même solution relativement au mineur émancipé. Quelques personnes argumentant de l'art. 481, qui accorde au mineur émancipé le droit de recevoir ses revenus et d'en donner décharge en tirent cette conséquence qu'il peut en faire novation sans l'assistance de son curateur. Cette conséquence ne résulte pas nécessairement, à notre avis, de l'art. 481 ; le droit de recevoir un payement n'implique pas toujours celui de disposer de la créance. La loi, d'ailleurs, semble bien vouloir donner au mineur émancipé une capacité moins étendue qu'à la femme mariée : il ne peut faire que les actes *de pure administration*, tandis que la femme a la *libre administration* de sa fortune. On peut donc, sans contradiction, donner une décision différente dans les deux cas. Nous ajouterons que les individus placés sous l'assistance d'un conseil judiciaire font valablement novation des créances dont ils peuvent toucher seuls le montant.

Le tuteur, comme réprésentant légal du mineur dans tous les actes de la vie civile, a le droit de recevoir les payements de créances sans autorisation du conseil de famille et d'employer les sommes reçues de la manière la plus profitable pour son pupille. Il faut donc lui reconnaître le droit de nover dans le cas où la novation constituera un acte de bonne administration. Un fondé de procuration générale peut également nover.

Mais quels sont les droits du mari relativement aux créances de sa femme ? Il importe ici de distinguer les différents régimes sous lesquels les époux peuvent être mariés. Nous avons vu déjà que la femme séparée de biens, et peu importe que la séparation soit contractuelle ou judiciaire, avait la libre admini tration de sa fortune et, par conséquent, avait seule le droit de nover ses créances mobilières. Quant à ses créances immobilières, elle est soumise à la règle ordinaire et ne peut nover que sauf l'autorisation préalable du mari ou de justice. La même règle doit s'appliquer si les époux sont mariés sous le régime exclusif de la communauté dans lequel le mari n'a que les pouvoirs d'un simple administrateur des biens de sa femme.

Nous l'appliquerons aussi au régime dotal. Quelques auteurs sont d'un avis contraire : interdire au mari le droit de nover les créances dotales, ce serait, disent-ils, aller contre l'intérêt de la femme elle-même, parce que la novation peut être quelquefois le seul moyen de tirer parti d'une créance douteuse. Si la novation a été faite mal à propos, le mari devra indemnité à la femme, puisqu'il est responsable de toute détérioration de la dot arrivée par sa négligence (1). Nous ne saurions adopter cette doctrine. Le mari, sous le régime dotal, a sans doute des pouvoirs qui dépassent ceux d'un simple administrateur, puisqu'il peut exercer les actions pétitoires et possessoires ; mais il n'en résulte pas qu'il ait le droit de nover les créances de la femme, c'est-à-dire de les aliéner. La femme seule a le droit d'en disposer.

Que décider si les époux sont mariés sous le régime

---

(1) Rodière et Pont, Contrat de mariage, t. 2, n° 577.

de la communauté? Cette question en contient une autre très-grave, car elle revient à se demander si le
mari peut aliéner seul les propres mobiliers de sa
femme. S'il le peut, il peut par cela même faire novation des créances de la femme. Examinons ce point.
Nous trouvons ici de vives controverses entre les auteurs.

Dans un premier système (1), on se fonde tout d'a-
bord sur le texte de l'art. 1428. Cet article déclare
que le mari ne peut aliéner les immeubles de sa
femme sans son contentement. Il faut en conclure,
dit-on, que le mari a un pouvoir plus étendu sur les
meubles de la femme et qu'il peut les aliéner libre-
ment. Telle était d'ailleurs l'opinion des anciens auteurs. Pothier (2), en effet, a bien soin de distinguer
les propres réels, c'est à-dire les immeubles, des propres conventionnels, c'est-à-dire les meubles. Ces
meubles, dit-il, se confondent avec les autres biens
mobiliers de la communauté, qui est seulement
chargée d'en restituer, après sa dissolution, la valeur
à celui des conjoints qui les a réalisés. Le conjoint
n'est pas créancier *in specie* des meubles réalisés, il
ne l'est que de leur valeur. Cette opinion, généralement admise dans l'ancien droit, a dû passer dans
l'esprit des rédacteurs du Code. Au surplus, ajoute-
t-on, nous en avons la preuve dans l'art. 1503, qui
ne fait que reproduire les expressions de Pothier :

(1) Delvincourt, t. 5, n° 11; Merlin, v° *Réalisation*, p. 1, n° 7; Troplong, t. 5, n°s 1956, 1957.
2 Pothier, *de la Communauté*, n° 525.

« Chaque époux, dit cet article, lors de la dissolution de la communauté, a le droit de prélever la valeur de ce dont le mobilier qu'il a apporté lors du mariage ou qui lui est échu depuis excédait sa mise en communauté. » La valeur, dit le texte, qu'est-ce à dire si ce n'est que la communauté devient propriétaire et que l'époux n'a plus qu'un droit de créance? Enfin, on invoque l'intérêt de la femme qui, créancière de la valeur des meubles, sera plus favorisée que si elle avait à reprendre les meubles eux-mêmes dépréciés par l'usage. « Par cette combinaison, dit M. Troplong (1), le régime de la communanté concilie tous les droits : d'une part, il veille aux intérêts de l'époux, il empêche qu'ils ne périssent ; de l'autre, il ne gêne pas à l'égard des étrangers le commerce de choses qu'il est souvent très-utile d'aliéner. » Le savant magistrat n'est pas de ceux qui ne voient de garanties pour la femme que dans les entraves mises au pouvoir du mari, et qui supposent toujours que le mari abusera ou fera de mauvaises affaires.

Quelque puissants que soient ces arguments, ils ne nous paraissent pas suffisants pour renverser cette grande règle à savoir qu'un bien ne peut être aliéné que par la volonté de son propriétaire. Y a-t-il un texte spécial qui puisse justifier une dérogation aussi grave aux principes généraux? Non; il faut donc rentrer dans le droit commun. Nous argumenterons en ce sens de l'art. 818 qui refuse au mari, aussi bien pour

(1) T. 3. 1957.

les meubles que pour les immeubles, l'action en par-
tage des successions échues à la femme, du moment
que ces meubles ou immeubles ne doivent pas appar-
tenir à la communauté. La pensée du législateur nous
semble avoir été indiquée par cet article. L'art. 1428
ne fournit qu'un argument *a contrario* et l'on sait
qu'il ne faut pas abuser de semblables arguments. En
outre, on peut aisément expliquer son silence par cette
idée que les meubles propres n'étant sous la communauté légale qu'une exception, il est tout simple que le
législateur n'ait pas songé à eux. D'ailleurs l'art. 1428
indique par son texte qu'il y a des meubles de la
femme dont la communauté n'est pas propriétaire,
puisqu'il donne au mari le droit d'exercer seul toutes
les actions mobilières qui appartiennent à sa femme.
Il est évident que la femme ne peut pas avoir une ac
tion mobilière sans être propriétaire du meuble qui en
est l'objet.

Mais que répondre à l'art. 1503 ? Ne semble-t-il pas
concluant en faveur de nos adversaires ? — Ils ne
peuvent l'invoquer, car il s'applique à une hypothèse
toute spéciale. Il s'agit ici de la clause d'apport. Les
époux sont convenus de ne mettre leur mobilier en
communauté que jusqu'à concurrence d'une somme
déterminée et de se réserver le surplus comme propre ;
il est tout naturel que la communauté puisse vendre ce
mobilier pour se procurer la somme, sauf à tenir
compte de l'excédant de valeur qu'elle en aura tiré.
La communauté alors devient propriétaire de la totalité
du mobilier, quoique les époux s'en soient réservé

une partie. Mais si les époux excluent purement et simplement de la communauté tels ou tels meubles, il n'y a aucun motif pour que la communauté puisse en disposer.

Quant aux raisons données par Pothier, nous reconnaissons qu'elles sont sérieuses lorsqu'il s'agit de choses fongibles ou de meubles qui par leur nature sont exposés à une dépréciation, et tout le monde admet que la communauté devient en ce cas propriétaire et que le mari peut aliéner. Mais quand il s'agit de meubles corps certains et déterminés, et surtout de meubles incorporels, ces mêmes raisons ne nous paraissent pas fondées : elles conduiraient à permettre à tout usufruitier de meubles de les aliéner, afin de n'être pas gêné dans sa jouissance. Or cette idée est tout à fait inexacte, car nous voyons dans plusieurs articles que la loi accorde la jouissance des meubles en ayant soin d'en interdire la libre disposition (art. 588, 589, 1531. 1566, 1567). Il ne faut donc pas généraliser l'idée de Pothier. D'ailleurs est-il bien certain que Pothier étendit sa théorie même aux meubles incorporels? Il est permis d'en douter, car il motive ainsi son opinion (1):
« Les meubles réalisés étant des choses qui se consomment par l'usage qu'on en fait, ou du moins qui s'altèrent et deviennent de nulle valeur par un long usage, pour que la communauté en puisse avoir la jouissance, il a été nécessaire d'abandonner à la communauté des meubles réalisés et de laisser au mari,

(1) Pothier, *loc. cit.*

chef de la communauté, le droit de les aliéner et d'en disposer.

Il ne reste plus que cette considération qu'il vaut mieux pour la femme devenir créancière de la valeur du mobilier que de rester propriétaire de ce mobilier exposé à tant de chances de détérioration. Nous répondrons que cette considération qui est vraie pour certains meubles dont nous avons déjà parlé, ne s'applique pas aux plus importants de tous, c'est-à-dire aux meubles incorporels. Aujourd'hui les rentes, les actions sont mobilières, et la femme a intérêt à les reprendre à la dissolution. Les créances en général ne se détériorent pas par l'usage. La femme n'éprouve aucun préjudice quand elle reprend une créance ; le droit n'a pas changé, à moins de prescription ou d'autres causes d'extinction dont la responsabilité retombe sur le mari, en cas de mauvaise administration.

Cependant M. Troplong soutient que même pour les meubles incorporels, comme les rentes et les actions de chemins de fer, si variables aux oscillations politiques, le seul moyen de sauvegarder l'intérêt de la femme, c'est de la rendre créancière de leur valeur. On peut répondre que les intérêts de la femme ne sont pas compromis : rien n'empêche qu'elle donne son consentement à l'aliénation, si les circonstances l'exigent ; dans tous les cas, on doit se conformer à son intention, et en stipulant que ses meubles lui resteraient propres, elle a bien évidemment voulu en conserver la propriété. Notre opinion est du reste adoptée par la majorité des auteurs (1). Ainsi le mari ne peut aliéner les créances mobilières de sa femme ; nous en conclurons qu'il ne peut pas opérer la novation de ces créances. Un des créanciers solidaires peut-il faire novation de la créance commune ? En droit romain, il le pouvait, car chacun des *correi stipulandi* était considéré comme seul maître de la créance ; mais l'art. 1198 disposant que la remise faite par l'un des créanciers solidaires ne libère le débiteur que pour la part de ce dernier, il en résulte que la novation qu'il a faite ne peut nuire aux autres créanciers. Les créanciers sont mandataires les uns des autres à l'effet de recevoir le payement, et ce mandat ne va pas jusqu'à leur permettre de substituer une nouvelle obligation à l'ancienne.

Quant à la novation consentie en faveur d'un des débiteurs solidaires, elle libère tous les autres, puisqu'elle éteint la dette ; mais le débiteur qui a fait novation acquiert le droit de demander à chacun de ses codébiteurs leur part dans l'ancienne dette acquittée.

§ 3. De l'intention de nover.

Nous savons que dans le droit de Justinien, la novation, pour être valable, devait résulter de termes exprès (2). Les pays de droit écrit suivaient en France le droit romain sur ce point. Mais Pothier nous atteste (3)

(1) Toullier, t. 12, n° 579 ; M. Duranton, t. 14, n° 518, M. Bugnet sur Pothier, n° 525, note 1 ; Marcadé, t. 5, art. 1428 ; Rodière et Pont. n°s 50 à 53 ; arrêts de la Cour de Paris, des 25 fév. 1855, 15 fév. 1859 ; C. de cassation, 2 juill. 1840.

(2) L. 8. au Code (8. 42.

(3) Oblig., n° 591.

que dans les pays coutumiers on ne s'était pas attaché
d'une manière littérale à la constitution de l'empereur.
Il suffisait que de quelque manière que ce fût la volonté de nover parût si évidente qu'elle ne pût être
mise en doute. C'était revenir à l'ancienne théorie
romaine, avec cette modification que la novation devait
résulter clairement de l'acte, tandis que les jurisconsultes romains la présumaient facilement. Le Code a
suivi les mêmes idées, car dans l'art. 1275 il dit: La
novation ne se présume pas; il faut que la volonté de
l'opérer résulte clairement de l'acte. Le mot *acte* présente tout d'abord un sens ambigu, mais il est évident
qu'il ne s'agit pas ici d'un écrit destiné à faire preuve,
mais de la convention même qui s'est faite entre les
parties, *quod actum est*.

Le législateur ne veut pas que l'existence de la novation soit admise trop facilement, parce qu'elle en-
traîne à sa suite de graves conséquences et qu'on doit
craindre de dénaturer la pensée des parties.

Mais quand l'intention de nover, à défaut de termes
formels, résultera-t-elle clairement de l'acte ? Cela dé-
pendra des circonstances (1); s'il y a seulement quelques changements à la première obligation, par exemple
l'adjonction ou la suppression d'une caution, la con-
cession d'un terme, d'une hypothèque, on ne devra
pas voir dans ces faits l'indice certain de la volonté de
nover. Ce sont là de simples modifications à l'ancienne
dette. Néanmoins ces simples changements, insuffisants

(1) M. Duranton, t. 12, n° 287 ; Toullier, t. 7, n° 277.

par eux-mêmes pour indiquer une véritable transformation de la créance, opèrent novation si telle est l'intention
évidente des parties. L'intention de nover sera manifeste s'il y a incompatibilité entre les deux obligations :
ainsi lorsqu'un locataire conserve à titre de prêt ce
qu'il devait à titre de louage, ou lorsqu'un acheteur
garde comme dépositaire le prix de la vente qu'on lui
a faite.

La novation ne résultera pas en général de la con-
fection d'un nouvel écrit que les parties auront jugé
convenable de substituer au premier. En effet, la con-
fection d'un nouvel écrit n'est ordinairement que la
reconnaissance de l'obligation (1). Ainsi le créancier
qui renouvelle des billets échus, en y comprenant les
intérêts, les frais de renouvellement, de commission et
autres accessoires, n'a pas le plus souvent l'intention
de nover ; il consent seulement, sur la demande du débiteur, à proroger le terme de l'échéance. Ainsi encore
une dette commerciale dans l'origine n'est point con-

(1) L'art. 189 du Code de commerce nous dit que si la reconnaissance
d'une dette née d'une lettre de change est faite par acte séparé, c'est-à-dire
par un acte emportant novation, il y a prescription trentenaire. Par acte
séparé, il faut entendre un acte dressé entre les parties, et où il apparaît
que le créancier a eu l'intention d'abandonner les avantages de l'ancienne
dette. Cette intention pourra s'induire facilement d'un acte régulier, authentique ou sous seing privé ; la reconnaissance dans une lettre missive,
ou dans un acte non régulier, fera présumer l'intention contraire.

Mais que faut-il décider si la dette née de la lettre de change a été admise au passif de la faillite du débiteur ? Faut-il voir dans cette circonstance une novation donnant lieu à la prescription trentenaire ? Non ; ce n'est
pas là une reconnaissance par acte séparé, car pour que cette reconnaissance existe, il est indispensable que le créancier et le débiteur aient la
volonté de changer la nature de la dette. MM. Bravard et Demangeat, t. 5,
p. 565 ; arrêts du 15 mars 1858, 25 mai 1856.

vertie en obligation civile par cela seul qu'elle est reconnue par acte notarié et garantie par une hypothèque.

Que faut-il décider relativement à la conversion
d'une dette exigible en une rente perpétuelle? Opère-
t-elle novation par cette raison que la seconde obligation est incompatible avec la première? Les jurisconsultes anciens n'étaient pas d'accord sur cette question ;
mais la plupart admettaient qu'il n'y avait pas novation. Il n'y a pas de novation, disaient-ils, lorsque les
parties ne se sont pas expliquées, et à plus forte raison
lorsqu'elles ont déclaré expressément qu'elles n'en-
tendaient faire aucune novation. En effet, en acceptant la constitution de rente, le créancier ne donne
pas quittance de la somme qui lui est due, il consent
seulement à ne pas exiger cette somme tant qu'on lui
en payera les intérêts ; il s'ensuit que c'est toujours
l'ancienne dette qui subsiste, quoique modifiée, c'est-
à dire que d'exigible qu'elle était, elle est devenue
une dette dont le capital est aliéné et qui ne peut plus
être exigée tant que le débiteur en paye les arrérages.

Pothier (1) repoussait cette opinion pour deux raisons : la première c'est qu'il est de l'essence du contrat de constitution de rente que celui qui constitue la
rente reçoive le prix de la constitution. Le débiteur
d'une somme n'est donc censé avoir converti sa dette
en une rente perpétuelle que par la quittance implicite
de cette somme qu'est censé lui donner le créancier.

(1 *Oblig.*, n° 595.

Il y a alors compensation de la somme due et exigible
avec le capital de la rente que doit à son tour le créancier, par suite extinction de la première dette et novation. La seconde raison, c'est que la créance d'une
rente est proprement la créance des arrérages qui
courent à perpétuité jusqu'au rachat plutôt que du
principal, qui ne pouvant pas être exigé, n'est pas
proprement dû : *est in facultate luitionis magis quam
in obligatione.*

La plupart des auteurs modernes ont admis l'opinion
de Pothier (1), et avec raison; car si une rente et un
capital sont deux choses différentes, il en résulte que
la dette d'une rente et la dette d'un capital n'ont pas
le même objet; donc la transformation d'un capital dû
en rente opère nécessairement novation, et il y a par
conséquent extinction de la première dette et de tous
ses accessoires. Pothier allait si loin qu'il reconnaissait
une novation même dans le cas où les parties auraient
dans l'acte manifesté une volonté contraire. La clause,
selon lui, n'avait d'autre effet que d'empêcher l'extinction des hypothèques de l'ancienne dette. Quelques
auteurs encore aujourd'hui sont du même avis, mais
c'est peut-être faire trop bon marché de l'intention des
parties.

Par identité de motifs nous donnerions la même
décision dans l'hypothèse inverse, c'est-à-dire s'il y
avait conversion d'une rente en un capital exigible, et
par *a fortiori* si une rente viagère avait été substituée

____

(1) M. Duranton, t. 12, n° 288 ; Toullier, n° 280 ; Marcadé, sur l'art.
1273 ; Grenier, *Hypoth.*, n° 499.

à un capital exigible. La novation nous paraît dans ce dernier cas encore plus évidente que dans les précédents. L'existence de la seconde dette détruit si radicalement la première, que d'un côté le constituant ne peut pas se libérer en offrant le remboursement du capital, et de l'autre le créancier ne peut pas redemander ce capital même en cas d'inexécution. Le créancier, dit l'art. 1978, n'a que le droit de saisir et de faire vendre les biens de son débiteur et de faire ordonner ou consentir, sur le produit de la vente, l'emploi d'une somme suffisante pour le service des arrérages. On peut ajouter que le caractère de l'obligation est lui-même changé, puisqu'à un contrat commutatif a succédé un contrat aléatoire.

La solution que nous adoptons ne saurait être étendue au cas où la créance du prix est convertie en créance d'arrérages dans l'acte même de vente. La question est controversée, mais nous ne pouvons voir là une novation. Nous argumenterons en ce sens de l'art. 530, qui met sur la même ligne la rente établie *pour le prix* de la vente d'un immeuble, et celle établie *comme prix* de l'immeuble. La novation ne résulte pas d'ailleurs assez clairement de l'acte pour qu'on puisse la présumer. La mention du prix dans l'acte ne servira alors que d'indication de la somme à rembourser en cas de rachat (1).

Il arrive souvent qu'un créancier reçoit de son dé-

____

(1) MM. Dacaurroy, Bonnier et Roustain, t. 2, n° 42.

biteur des effets de commerce (lettres de change, billets à ordre) en payement de sa créance; cette acceptation emporte-t-elle novation? La question présente un grand intérêt pratique, surtout en matière de vente; car si l'on dit qu'il y a novation, on enlève au vendeur qui a accepté le payement en lettres de change, le droit d'exercer son privilége sur le prix de la chose vendue (art. 2102 et 2103), ou de demander la résolution du contrat de vente, si l'acheteur ne paye pas son prix (art. 1184 et 1634).

Deux systèmes sont en présence. Premier système : Le vendeur, en acceptant des lettres de change, n'a pas entendu renoncer à sa créance primitive et aux garanties précieuses qui y étaient attachées. Il a poursuivi le débiteur, et celui-ci lui a dit : Je n'ai pas d'argent, vous voulez être payé, consentez donc à accepter des effets de commerce en payement. Si le créancier accepte, c'est uniquement pour se procurer un moyen plus facile et plus commode de recouvrer ce qui lui est dû, et la libération du débiteur est subordonnée à l'encaissement. D'ailleurs, la règle souveraine en cette matière, c'est celle de l'art. 1273; la novation ne se présume pas; il faut que la volonté de l'opérer résulte clairement de l'acte. Dans le doute on ne saurait donc, sans violer la loi, admettre la novation. La remise pure et simple de la quittance par le créancier en recevant les effets ne serait pas une marque suffisante de l'intention de nover; la quittance est destinée, non à éteindre la dette, mais seulement à assurer le débiteur qu'on ne pourra pas exiger de lui tout à la fois le montant de la créance et celui des billets (1).

Deuxième système. — Les raisons sur lesquelles s'appuie le premier système sont graves et sérieuses ; néanmoins nous croyons devoir le repousser. On dit qu'il n'est pas probable que le créancier ait entendu renoncer aux avantages que lui donne sa position de vendeur, à son privilége, à son action en résolution. Mais sa conduite semble prouver le contraire : s'il avait entendu conserver ses garanties, il eût fait des réserves ; qui l'empêchait de s'expliquer à cet égard ? Les créanciers ne sont pas d'ordinaire assez négligents, assez oublieux de leurs intérêts pour accepter une convention sans en peser d'avance toutes les conséquences. D'ailleurs s'il perd des avantages n'en acquiert-il pas de nouveaux qui, pour être d'un autre genre, n'en sont pas moins précieux ? N'aura-t-il pas, au moyen de ces lettres de change, le droit de céder sa créance par simple endossement, et d'obtenir une condamnation entraînant la contrainte par corps contre son débiteur dans certains cas ? Et qu'on ne vienne pas dire que la libération du débiteur étant subordonnée à l'encaissement des effets, la novation, si novation il y a, ne peut être que conditionnelle. Admettre cette idée, ce serait admettre en même temps que toute novation est conditionnelle, qu'une novation en un mot n'existera qu'autant que la seconde obligation aura eu son exécution. L'inexactitude d'une pareille doctrine n'a pas besoin d'être démontrée.

(1) Merlin, *Répert.*, v° *Novation*, p. 5 ; Marcadé, sur l'art. 1273 ; Troplong, *Hypoth.*, t. 1, 199 *bis* ; Larombière, *Oblig.*, t. 5.

Mais nous avons aussi, de notre côté, des arguments
puissants à opposer à nos adversaires. N'est-il pas évident qu'il y a un contrat nouveau intervenu entre les
parties? Que présuppose la lettre de change, si ce
n'est un contrat de change entre le vendeur et l'acheteur? Le vendeur a besoin qu'une somme d'argent lui
soit comptée dans une autre place de commerce à un
jour donné, et l'acheteur s'oblige à la lui faire avoir.
Il n'y a pas novation dans l'objet matériel de l'obligation, qui n'en reste pas moins une somme d'argent,
mais la cause est changée. Au reste, peu importe que
la lettre de change ait été souscrite par l'acheteur au
profit du vendeur, ou que l'acheteur ait transporté au
vendeur par un endossement régulier une lettre de
change qu'il avait tirée sur un tiers : dans tous les cas
il y a contrat de change et par conséquent novation.
Dira-t-on que l'ancienne et la nouvelle créance peuvent
exister cumulativement? Mais comment un créancier
pourrait-il avoir, relativement à la même chose, deux
créances, munies chacune d'avantages particuliers et
entraînant, l'une la juridiction civile, l'autre la juridiction commerciale? Enfin nous avons un texte formel
du Code de commerce, l'art. 575, où la loi reconnaît
implicitement que les effets négociables opèrent novation. En effet, cet article permet au négociant qui a
consigné des marchandises pour être vendues à son
compte d'en revendiquer le prix en cas de faillite du
commissionnaire, s'il n'a pas été payé ou *réglé en valeur*. Ainsi le règlement en effets négociables est assi-
milé au payement et le prix des marchandises a cessé

d'être dû. Il y a là une novation qui met le failli dans l'heureuse impuissance de favoriser aucun de ses créanciers au préjudice des autres ; c'est l'application de cette ancienne maxime : *qui règle paye.* Cependant, d'après quelques-uns, il faut restreindre cette assimilation du règlement au payement au cas spécial prévu par l'art. 575. Nous ne sommes pas de cet avis : rien n'indique que le législateur ait voulu édicter une disposition exceptionnelle (1).

La jurisprudence, nous le savons, est contraire à l'opinion que nous venons d'exposer (2). Cependant certains arrêts, notamment le dernier arrêt de la Cour de cassation sur cette matière (3), paraissent établir une distinction parfaitement conciliable avec notre doctrine. L'arrêt de la Cour suprême est ainsi conçu : « Attendu que le contrat passé entre les parties est un contrat de vente ; qu'il a été stipulé dans ce contrat que le prix de vente serait payable par moitié, en deux effets souscrits à l'instant au profit du vendeur... ; que des stipulations de cette nature inhérentes et essentielles au contrat de vente ne sauraient être considérées comme distinctes et séparées du contrat où elles sont inscrites et de l'engagement dont elles sont une conséquence, etc. » De là la distinction suivante : Si le règlement du prix a eu lieu dans le contrat ou

(1) Persil, art. 205, p. 1, n° 6 ; Grenier, *Hypoth.*, t. 2, n° 585 ; M. Duranton, t. 12, n° 287 ; MM. Delamarre et Lepoitevin, *Traité de droit commercial*, t. 5, p. 550 et suiv.

(2) Cass. 19 juin 1811 ; Rouen 4 janv. 1825 ; Cass. 25 janv. 1826 ; Poitiers, 5 fév. 1855 ; Metz, 26 janv. 1854 ; Caen, 20 juin 1859.

(3) Cassation, 22 juin 1841 (Sirey, 42, 2. 591).

immédiatement à la suite du contrat, sans divertir à d'autres affaires, il n'y a pas novation, de quelques valeurs que le règlement se compose. Peu importe l'incompatibilité de l'obligation *ex empto* avec le contrat dont ces valeurs supposent l'existence : ce contrat est annulé et n'a d'autre but que de faciliter le payement du prix convenu. Mais si le règlement a lieu dans une convention postérieure à la vente, il emporte novation, sauf volonté contraire manifestée par les contractants. Nous croyons ce système très-raisonnable ; il a l'avantage de tenir compte autant que possible de l'intention des parties (1).

Maintenant il est bien certain que si le vendeur a fait des réserves, a subordonné la libération de l'acheteur à l'acquittement des lettres de change, celles-ci ne doivent être considérées que comme un mode plus facile de recouvrement.

Mais déciderons-nous de même si, au lieu de lettres de change, le vendeur avait reçu de son acheteur des billets à ordre? On serait tenté tout d'abord de donner une autre solution et de reconnaître aux lettres de change seules le pouvoir d'opérer novation. La lettre de change présuppose un effet, un contrat de change intervenu entre les parties, tandis que le billet à ordre ne contient pas de contrat nouveau. Néanmoins nous croyons que l'acceptation de billets à ordre entraînera novation : ici encore on peut argumenter de l'art. 575 qui implique novation produite par les effets négocia-

(1) MM. Delamarre et Lepoitevin, *loc. cit.*

bles sans distinction; ici encore le vendeur a acquis une créance qu'il peut céder par endossement, sans que le cessionnaire soit forcé de se soumettre aux formalités de l'art. 1690 pour être saisi à l'égard des tiers. De sorte que si l'on admettait que le vendeur a conservé son privilége et son droit de résolution, il faudrait aller jusqu'à dire que ces avantages sont ainsi transportés de main en main aux différents endosseurs qui les reçoivent sans y avoir jamais compté. Il faut donc reconnaître qu'une obligation nouvelle s'est substituée à l'ancienne.

La dation en payement opère-t-elle novation, de telle sorte que le créancier qui a reçu un immeuble au lieu de sa dette ne puisse poursuivre son débiteur en cas d'éviction que par l'action en garantie et non par celle du contrat primitif?

L'intérêt de la question est facile à comprendre, car l'ancienne action peut être garantie par des sûretés que n'a pas la nouvelle. A l'inverse, l'action en garantie peut être plus avantageuse en ce qu'elle donne droit à une indemnité, à raison de l'augmentation de valeur qu'a pu recevoir la chose au moment de l'éviction (art. 1633). Examinons d'abord à cet égard le droit romain, puis notre ancien droit.

On trouve au Digeste, sur la question qui nous occupe, deux textes qui semblent contradictoires. Marcien, dans la loi 46, *De solut.* (1), s'exprime ainsi : *Si quis aliam rem pro alia volenti solverit et evicta fuerit*

____
(1) L. 46, pr., *De solut.* (D., 46, 3).

res, manet pristina obligatio. Ulpien, au contraire, dans la loi 24, *De pign. act.* (1), accorde seulement au créancier l'action *empti utilis* en cas d'éviction de la chose donnée en payement. Pothier (2), combinant ces textes, déclare que le créancier a l'une ou l'autre action à son choix. Cujas, dont l'opinion est assez généralement suivie, donne l'explication suivante (3) : Si la dette étant d'une somme d'argent le créancier a consenti à recevoir *rem pro pecunia*, il y a une sorte de vente avec compensation, et cette vente subsiste, quel que soit le sort de la chose vendue ; car on peut vendre la chose d'autrui. Tel serait le cas prévu par Ulpien. Au contraire, Marcien aurait statué dans l'hypothèse où le créancier aurait reçu *rem pro re*, cas où il est impossible de voir une vente ; car pour qu'il y ait vente il faut qu'il y ait un prix. Cette opération est analogue à un échange. Or dans l'échange le copermutant n'est tenu qu'autant qu'il y a eu *datio* réalisée à son profit ; sinon la créance primitive doit renaître.

Dans l'ancien droit français plusieurs auteurs, en cas d'éviction, faisaient revivre la première obligation. Telle était, nous dit Merlin (4), l'opinion de Renusson et du président Favre. Il n'y a qu'une cause perpétuelle et absolue qui puisse éteindre les droits pour toujours : si l'éviction suit la dation, la libération du débiteur est sans cause et le créancier doit rentrer

(1) L. 24, pr. *De pignerat. act.* (D., 15, 7).
(2) *Vente*, n° 603.
(3) Cujas, *Observations* (29, 38).
(4) *Subrog.*, sect. 2, p. 4.

dans ses premiers droits. Basnage (1), dans son *Traité
des hypothèques*, dit que l'ancienne obligation n'est pas
entièrement éteinte, mais seulement assoupie, et que
l'éviction de la chose donnée en payement ne fait que
la réveiller et non la ressusciter, *non a morte sed a
somno resurgit.*

Sous l'empire du Code, deux systèmes sont en présence : 1° La dation en payement opère une novation
immédiate et définitive, car d'un commun accord
l'objet de la dette se trouve changé ; ce qui prouve
d'ailleurs que la première dette est éteinte, c'est que
la caution garantissant l'obligation primitive est libérée, malgré l'éviction (2). 2° La dation en payement
n'opère pas extinction définitive de l'ancienne obligation. C'est cette seconde opinion que nous adopterons.

Pour que la dation en payement soit valable, il faut
que la propriété de la chose soit transférée au créancier. Si donc le débiteur n'est pas propriétaire de la
chose donnée, si elle appartient à autrui, et que le
créancier soit évincé, cette dation en payement est
nulle, et par suite n'a pas pu opérer novation. Les
partisans du système contraire nous disent : Vous
vous faites une idée inexacte des conséquences de la
novation. La novation opère extinction de la première
obligation d'une manière absolue, à moins de clauses
et de réserves contraires ; la renonciation du créancier
est irrévocable : faire revivre la première obligation,

---

(1) Basnage, *Hypoth.*, 2e part., 7, p. 118.
(2) M. Duranton, t. 12, n° 292 ; Toullier, t. 7, n° 501 ; Lacombière sur
l'art. 1278, n° 6.

c'est établir une règle contraire à la volonté des parties (1). Mais est-ce bien aller contre la volonté du créancier? Il nous paraît évident que le créancier n'a pas l'intention de tenir quitte le débiteur purement et simplement, mais seulement dans le cas où son acquisition aura un effet irrévocable et où il demeurera propriétaire incommutable; s'il a accepté la dation en payement, ce n'est pas pour rendre sa condition pire. Et qu'on ne vienne pas dire que l'art. 2038 est un puissant argument dans le sens de l'opinion que nous combattons. Cet article a été pris dans Pothier, qui déclare formellement que l'éviction ayant eu lieu, l'obligation principale subsiste, et cela dans l'endroit même où il admet la libération des cautions (2); ainsi le motif qui a fait admettre la libération des cautions n'est pas l'extinction définitive de l'ancienne dette, c'est un motif d'équité : la caution a dû se croire libérée et n'a pu prendre après la dation en payement aucune mesure contre le débiteur pour se garantir des effets de l'insolvabilité de ce dernier ; il serait donc injuste de la rendre victime de cette inaction forcée. Maintenant cet art. 2038 peut lui-même fournir un argument *a contrario* en notre sens, car si le principe était que l'ancienne créance ne renaît pas, il serait inutile, puisqu'il ne ferait qu'appliquer la règle générale. L'ancienne créance renaîtra donc avec ses accessoires sauf le cautionnement ; par exem-

(1) M. Larombière, sur l'art. 1278
(2) Pothier. *Oblig.*, n° 406-4°.

ple, elle était garantie par une hypothèque ; cette hypothèque continuera à la garantir.

Il faut que la volonté d'opérer la novation résulte clairement de l'acte ; il y a donc là pour les juges une question d'appréciation assez délicate. Pourront-ils faire résulter la novation de présomptions graves, précises et concordantes ? Nous pensons que l'affirmative est parfaitement admissible. En effet, l'art. 1272 du Code civil ramène la question à l'interprétation de la volonté des parties, dans un deuxième acte et aux effets de ce deuxième acte, relativement au premier ; il s'ensuit qu'on doit se reporter aux modes de preuves d'extinction des obligations, c'est-à-dire aux règles générales contenues dans les art. 1315, 1341 et 1353. En conséquence les juges pourront s'appuyer sur les présomptions accompagnées d'un commencement de preuve par écrit pour déclarer que le second titre a produit, d'après la volonté des parties, l'extinction du premier.

Mais cette appréciation des faits constitutifs de la novation tombe-t-elle sous la censure de la Cour suprême ? Cette Cour avait d'abord consacré la négative par plusieurs arrêts, notamment par un arrêt du 19 juin 1832. La question de savoir si dans telles circonstances données il y a novation, peut paraître avant tout une question d'appréciation de fait, pour laquelle les cours impériales sont souveraines. Mais la Cour de cassation a aussi un rôle à jouer. Il lui appartient, en effet, d'examiner si les Cours d'appel ont appliqué aux conventions les dispositions de la loi qui déterminent le caractère des actes. C'est ce que décide en ces termes un arrêt du 22 juin 1841 : « Attendu... que, en cette matière, il ne suffit pas que les juges aient déclaré que la volonté des parties d'opérer la novation résulte clairement de l'acte ; qu'il faut encore qu'ils déclarent comment cette novation s'est opérée, et qu'il ressorte évidemment de l'acte interprété que la position respective des parties ou la nature de l'obligation ont été changées d'une des trois manières énoncées par la loi ; qu'en cet état la Cour de cassation a le droit et le devoir de comparer les déclarations des juges avec les dispositions de l'art. 1271 du Code civil, etc. (1). »

§ 4. Des effets de la novation.

La novation produit les mêmes effets qu'un payement ; il en résulte qu'avec l'ancienne obligation disparaissent tous ses accessoires (2).

Ainsi, par la novation faite entre le créancier et l'un des débiteurs solidaires, les codébiteurs sont libérés. La novation opérée à l'égard du débiteur principal libère les cautions. Ainsi encore les priviléges et hypothèques de l'ancienne créance sont éteints. Les intérêts de l'ancienne obligation cessent de courir, la demeure du débiteur et la peine encourue, si une peine avait été stipulée, sont purgées, la contrainte

(1) Marcadé, sur l'art. 1275, p. 5.
(2) Pothier, n° 599 ; Toullier, t. 7, n° 297 ; Marcadé, sur l'art. 1278, n° 1

par corps est anéantie. Mais dans l'intérêt des créanciers, le législateur a posé des modifications importantes au principe de l'extinction absolue. Le créancier qui ne veut pas perdre les garanties précieuses de son droit, peut les conserver au moyen de réserves faites dans l'acte qui opère novation ; ces réserves doivent être expresses, formelles, et cette disposition est très raisonnable, puisqu'on déroge par là aux principes ordinaires du droit. On a voulu du reste faire cesser les controverses qui s'élevaient dans l'ancien droit sur la réserve tacite des hypothèques. Par exemple en convertissant en rente perpétuelle une dette exigible et hypothécaire, le créancier pouvait, comme il le peut encore aujourd'hui, réserver les hypothèques de l'ancienne créance et stipuler qu'elles subsisteraient comme sûreté du capital et de la prestation annuelle de la rente ; mais s'il n'avait rien dit, la conservation des hypothèques anciennes était-elle de droit ? Basnage, d'après Dumoulin, soutenait l'affirmative (1). Mais tous les auteurs n'admettaient pas cette opinion. Il était nécessaire d'établir une règle générale, et c'est ce qu'a fait le Code. Nous ajouterons que dans l'ancien droit la réserve des hypothèques se présumait facilement ; on n'admettait de novation parfaite entre les parties contractantes qu'autant qu'on ne pouvait pas interpréter différemment les termes du dernier contrat.

Il est bien évident que la réserve faite par le créan-

(1) Basnage, *Hypoth.*, part. I, chap. 17

cier ne peut nuire en aucune façon aux autres créanciers du débiteur ; ainsi l'hypothèque ne peut avoir plus d'effet, plus d'étendue pour la seconde dette qu'elle n'en avait pour la première. Si la nouvelle dette est plus forte que l'ancienne, si c'est, par exemple, une dette conditionnelle de 30,000 fr. substituée á une dette pure et simple de 15,000 fr., l'hypothèque antérieurement consentie ne pourra subsister que jusqu'à concurrence des 15,000 fr. Les créanciers postérieurs ne peuvent pas dire que ce résultat est injuste à leur égard, puisqu'ils ne sont toujours primés que pour la même somme.

L'art. 1280 est ainsi formulé : Lorsque la novation s'opère entre le créancier et l'un des débiteurs solidaires, les priviléges et hypothèques de l'ancienne créance ne peuvent être réservés que sur les biens de celui qui contracte la nouvelle dette. Cette règle paraît générale, toutefois rien n'empêche le créancier de se réserver comme condition de la novation consentie à l'un des codébiteurs solidaires, ses priviléges et hypothèques sur les biens de tous (1). La novation est alors subordonnée au consentement des autres codébiteurs : aucun principe ne s'oppose à la transmission des sûretés primitives, et le texte ne doit pas être pris à la lettre. Cette disposition, quoique très-claire, paraît difficilement admissible à Toullier (2) ; il la trouve en

____

(1) Si le codebiteur n'a nove que pour sa part, la creance solidaire sera maintenue au profit du créancier, sous la deduction de la part de celui qui a nove (art. 1210).

(2) Toullier, t. 7, n° 315 ; Larombiere, sur l'art. 1280.

contradiction évidente avec l'art. 1251-3° qui admet
la subrogation de plein droit au profit de celui qui,
étant tenu avec d'autres ou pour d'autres au payement
de la dette, avait intérêt de l'acquitter. Voici l'espèce
qu'il suppose. J'ai deux débiteurs solidaires, Primus
et Secundus, qui m'ont donné hypothèque sur leurs
biens. Primus fait novation de la dette commune; en
vertu de l'art. 1251, il est subrogé de plein droit dans
mes droits et actions contre Secundus. Je ne puis plus
agir personnellement contre Secundus désormais libéré envers moi; mais si Primus ne me paye pas, je
puis, usant du bénéfice de l'art. 1166, exercer tous ses
droits, et, par conséquent, exercer contre Secundus,
même sans l'avoir réservée, l'action hypothécaire
transmise à Primus par la subrogation. Donc je conserve mes hypothèques à la fois contre Primus et contre Secundus; donc il faut retrancher du Code l'art.
1280 qui ne peut subsister en présence de 1251-3°.

Nous croyons que c'est à tort que Toullier voit une
contradiction entre ces deux articles; tous deux ont
leur raison d'être et s'appliquent à des hypothèses
distinctes. Il est bien certain tout d'abord que Primus
est subrogé et peut valablement argumenter de 1251-3°
contre son codébiteur Secundus; les hypothèques ne
sont pas éteintes absolument et pour tout le monde.
Mais on ne peut pas dire que le créancier conserve ses
hypothèques contre Primus et contre Secundus; il est
clair que sa situation a dû changer. Il a toujours une
action directe contre Primus, mais il n'a plus qu'une
action indirecte contre Secundus. Il ne peut plus le

poursuivre qu'au nom de Primus. En conséquence, si Primus devient insolvable, ce qui sera payé par son codébiteur tombera dans la masse commune de ses biens et sera partagé au marc le franc entre tous ses créanciers ; tandis que si le créancier avait agi de son chef, il aurait profité seul, à l'exclusion de tout autre, des avantages résultant de son hypothèque. Nos deux articles sont ainsi parfaitement conciliables.

Si le créancier ne s'est réservé que l'accession des codéb.teurs à la nouvelle créance, il ne peut plus ultérieurement même de son consentement se réserver les hypothèques primitives. La novation a éteint toutes les sûretés, et quand l'hypothèque a cessé, ne fût-ce que pour un instant, elle ne peut pas revivre au préjudice des tiers. Si l'hypothèque de la dette primitive avait été fournie par un tiers, il faudrait, bien entendu, le consentement de celui-ci pour que la réserve faite par le créancier pût avoir son effet.

La novation, avons-nous dit, a encore pour résultat de libérer les cautions. Indépendamment de l'art. 1281-2°, la caution trouve sa libération écrite dans un autre texte de loi. Le créancier s'est, en effet, mis par son fait, en opérant la novation, dans l'impossibilité de la subroger à ses droits éteints. Or ce seul fait suffit pour la décharger (art. 2037). Cependant le créancier qui ne veut pas sacrifier les avantages de sa créance peut exiger l'accession des cautions à la nouvelle dette : il y aura encore novation conditionnelle, car la caution qui a garanti l'ancienne dette ne peut être contrainte de garantir une nouvelle obliga-

tion sans son consentement, et, si elle refuse, la novation ne peut s'opérer. Cette disposition se justifie facilement lorsqu'on songe que le cautionnement et la
solidarité sont des conventions faites le plus souvent
intuitu personæ et aussi en considération de l'objet dû.
Elle est d'ailleurs avantageuse pour le créancier en ce
sens qu'elle rend inutile le mauvais vouloir des codébiteurs et des cautions qui refusent d'accéder à la nouvelle créance ; quoi qu'ils fassent, ils seront toujours
obligés. soit en vertu de la seconde obligation s'ils y
adhèrent, soit en vertu de la première qui n'aura jamais cessé d'exister, s'ils refusent de garantir celle
qui devait la remplacer.

SECTION II.

De la novation par changement de créancier.

Cette novation s'opère lorsque, par l'effet d'un nouvel engagement, un nouveau créancier est substitué à
l'ancien, envers lequel le débiteur se trouve déchargé
(art. 1271). Par exemple, vous me devez 10,000 fr. ;
je vous dis : Obligez-vous à servir à mon père une
rente viagère de 800 fr. et je vous décharge de votre
dette de 10,000 fr. Si vous vous obligez envers mon
père, il y a novation. On voit qu'ici il faut nécessairement que le débiteur s'oblige envers un nouveau
créancier ; s'il s'y refuse, le créancier qui veut faire

profiter un tiers de la valeur d'une créance qu'il a sur un autre n'a qu'une seule ressource, c'est de faire cession de sa créance. Nous avons vu plus haut que la cession et la novation devaient être soigneusement distinguées ; nous rappellerons que la première conserve la créance intacte au cessionnaire, tandis que la seconde opère l'extinction de tous les avantages. Nous ajouterons, en passant, que la cession est bien plus employée dans la pratique que la novation par le changement de créancier ; cette différence tient à la nature même de la cession qui dépend uniquement de la volonté du créancier.

Mais y a-t-il novation par cela seul que le créancier est changé ? ne faut-il pas de plus que la nouvelle obligation ait un autre objet que la première ? Toullier prétend qu'il faut un nouvel objet, et voici comment il s'exprime (1) : Il faut supposer que le nouvel engagement que le débiteur contracte envers le nouveau créancier, de l'ordre de l'ancien, a un autre objet que la première obligation ; car s'il avait le même, le nouvel engagement ne produirait pas d'autre effet que celui d'un transport de créance, qui substitue, à la vérité, un créancier à un autre, mais non pas une nouvelle obligation à une ancienne. Par exemple, vous me devez 10,000 fr., je vous en tiens quitte à condition que vous consentirez à Paul une obligation de pareille somme. Si, au contraire, je vous tiens quitte des 10,000 fr. que vous me devez à condition que

(1) Toullier, t. 7, n° 274.

vous donnerez à Paul tant de tonneaux de vin, il y a substitution d'un créancier à un autre; mais il y a aussi substitution d'une obligation à une autre, dont l'objet était différent, et par conséquent novation.

Cette décision nous paraît tout à fait inadmissible. Toullier ne voit qu'une cession de créance dans le cas où le créancier seul est changé ; c'est une erreur évidente : il n'y a pas une cession véritable, puisqu'il faut que le débiteur, comme nous l'avons dit, consente à s'engager envers le nouveau créancier. D'ailleurs cette opinion est tout à fait contraire au texte de l'art. 1271-3° qui n'exige, pour qu'il y ait novation, que le changement de créancier, sans parler le moins du monde de la nécessité d'un objet nouveau dans l'obligation. On ne saurait mieux faire ici que de citer Pothier, le guide ordinaire des rédacteurs du Code : « Lorsque la novation, dit-il, se fait avec l'intervention d'un nouveau débiteur ou d'un nouveau créancier, la différence de créancier ou de débiteur est une différence suffisante pour rendre la novation utile, sans qu'il soit nécessaire qu'il en intervienne d'autre (1). » Peut-on être plus formel dans notre sens ?

La novation par changement de créancier se présente le plus souvent en même temps que la novation par le changement de débiteur dans l'hypothèse de la délégation. Le délégué consent à s'engager vis-à-vis du délégataire moyennant sa propre libération que lui accorde le délégant. Cette opération a l'avantage

____

(1) *Oblig.*, n° 597.

d'opérer l'extinction de deux dettes, celle du délégué envers le délégant et celle du délégant envers le délégataire. Nous traiterons spécialement de la délégation dans une section suivante.

L'indication que fait un créancier d'une tierce personne pour recevoir à sa place et en son nom, n'est pas un changement de créancier et ne saurait, dès lors, opérer novation. Cette idée est tellement évidente qu'on aurait pu supprimer sans inconvénient l'art. 1277. Le tiers est tout simplement un mandataire du créancier et peut être révoqué par lui à son gré. Le débiteur conserve toujours le droit de se libérer entre les mains de son créancier originaire, quand bien même la personne désignée aurait signifié son mandat avec défense de payer à d'autre qu'à elle. On comprend que le créancier peut revenir sur sa décision et toucher par lui-même ce qui lui est dû.

Il peut se faire que l'ancien créancier intervienne comme caution pour l'exécution du nouvel engagement. Le cas se présentera surtout quand le débiteur s'engagera envers le créancier de son créancier : cela ne change rien à la nature de l'opération. Il est naturel que le nouveau créancier qui ne connaît pas le débiteur et ses moyens de payer exige des garanties, et le cautionnement de son ancien débiteur comme condition de sa libération.

SECTION III.

De la novation par changement de débiteur.

La novation par le changement de débiteur peut se produire de deux manières différentes : ou bien le nouveau débiteur offre de son propre mouvement d'acquitter l'obligation de l'ancien débiteur envers son créancier ; ou bien c'est l'ancien débiteur qui présente lui-même le nouveau à son créancier. Dans le premier cas il y a expromission ; dans le second, délégation.

Nous traiterons ici de l'expromission seulement, nous réservant de traiter de la délégation à la section suivante.

Pour que cette espèce de novation s'effectue, il faut, avons-nous dit, qu'un tiers vienne spontanément s'engager envers le créancier. Il en résulte nécessairement que le créancier doit consentir à cette substitution et qu'il a toujours le droit de refuser un nouveau débiteur, quelles que soient les garanties qu'il présente et sa solvabilité. Le créancier a peut-être intérêt à recevoir de son ancien débiteur, par exemple, parce qu'il habite dans le même arrondissement et que la livraison de l'objet dû ou les poursuites en cas de non-payement seront plus faciles. Le seul juge en cette matière c'est toujours le créancier qui, aux termes de l'art. 1243, ne peut être contraint à recevoir une chose autre que celle qui lui est due, quoique la valeur de la chose offerte soit égale ou même plus grande.

Mais si le consentement du créancier est indispensable pour qu'il y ait novation, il n'en est pas de même de celui du débiteur, et nous voyons dans l'art. 1274 qu'on peut très bien s'en passer. Nous irons encore plus loin, et nous dirons que la novation peut avoir lieu malgré le débiteur. Qu'est-ce, en effet, que la novation? c'est un payement *lato sensu*. Or, en matière de payement, le principe général c'est qu'un tiers peut payer la dette d'un débiteur malgré son opposition. *Solvere pro ignorante et invito cuique licet, cum sit jure civili constitutum licere etiam ignorantis invitique meliorem conditionem facere* (1). De même que le créancier peut accepter en payement un autre objet à la place de la chose due, de même il peut accepter l'obligation d'un tiers à la place de l'obligation de son ancien débiteur. Nous reconnaissons d'ailleurs que cette espèce de novation est assez rare dans la pratique. Cependant il peut se faire que voulant rendre service à un ami que je sais hors d'état de payer une dette pressante, j'offre au créancier de le payer, s'il veut m'accepter pour seul débiteur. On pourrait soutenir qu'il y aura fréquemment, et surtout dans un cas semblable à celui-ci, une libéralité, et que personne ne peut être tenu d'accepter une libéralité ; nous répondrons que la libéralité ici n'est pas directe ; c'est l'intervention qui est directe et la libéralité n'a lieu que par voie de conséquence. Le débiteur ne peut donc pas s'y refuser.

En ce qui concerne l'étendue de l'action que le tiers

1. L. 53, *De solut.* D., 46, 3.

qui s'est engagé à la place du débiteur aura contre lui, il importe de faire quelques distinctions et d'examiner le motif de l'engagement de ce tiers. Peut-être n'a-t-il pris sur lui la charge de l'obligation que par ordre de l'ancien débiteur ; alors nous appliquerons les règles du mandat, et nous dirons que le nouveau débiteur aura action pour se faire rendre tout ce qu'il aura déboursé. Si l'intervention a lieu à l'insu du débiteur, nous appliquerons les principes de la gestion d'affaires, et nous donnerons à l'intervenant une action pour se faire restituer ce que lui aura coûté la libération du débiteur. Dans ces deux cas, les intérêts sont dus à l'*expromissor*, à partir des avances constatées conformément à l'art. 2001. Quant à l'action, elle durera trente ans à compter du jour de l'*expromissio* (2262).

Mais les principes changeront si le tiers s'est engagé au su et au vu du débiteur et malgré l'opposition de ce dernier ; d'ailleurs il faut encore, en ce point, établir quelques distinctions. Si le tiers s'est engagé, malgré le débiteur et quand celui-ci n'avait aucun intérêt à son engagement, si c'était, par exemple, dans le but de placer de l'argent, ou par inimitié contre le débiteur, afin de pouvoir le poursuivre rigoureusement, il n'aura action que jusqu'à concurrence des avantages qu'il a procurés au débiteur. Ainsi les intérêts ne lui seront dus que du jour de la demande en justice (art. 1153), à moins que la dette éteinte ne fût productive d'intérêt ; ainsi encore l'action de ce tiers qui a voulu libérer le débiteur malgré lui se prescrira par le laps de temps qui restait à courir pour la prescription de la dette éteinte. Si c'est dans une bonne intention que le tiers s'est engagé, par exemple pour venir en aide au débiteur insolvable et qui refuse ses offres par un entêtement ridicule, on appliquera les principes de la gestion d'affaires. Si, ce que les juges apprécieront d'après les circonstances, l'*expromissor* est intervenu par pure libéralité, il n'y aura lieu à aucun recours. On devra, dans ce dernier cas, appliquer toutes les règles spéciales à la matière des donations.

Des doutes peuvent s'élever sur l'existence de la novation qu'on prétendrait s'être opérée par le changement de débiteur. Il importe de bien distinguer dans quel esprit le tiers intervenant entend s'obliger, et à quel titre le créancier accepte son obligation. Or le débiteur nouveau peut s'engager de trois manières, ou purement et simplement, ou seulement pour le cas où le débiteur n'acquitterait pas son obligation, ou enfin avec l'intention évidente de le libérer. Dans le premier cas, il n'y a pas novation, c'est une sûreté plus grande donnée au créancier. Au lieu d'avoir un seul débiteur, il en a désormais deux, et de chacun de ses débiteurs il peut demander la totalité de la dette, mais l'un payant, l'autre se trouve libéré.

Dans la seconde hypothèse, si le tiers ne s'oblige à exécuter l'obligation que pour le cas où le débiteur ne l'exécuterait pas lui-même, il y a un véritable contrat de cautionnement, non pas une novation.

C'est donc seulement dans le troisième cas qu'il y aura novation, c'est-à-dire lorsque le tiers se sera engagé au lieu et place du débiteur que le créancier aura consenti à libérer. Les doutes entraîneraient la négation de la novation, car la novation ne se présume pas; mais il n'est pas nécessaire que la volonté du créancier soit exprimée d'une manière formelle, il suffit qu'elle ressorte clairement des circonstances et des termes de l'acte.

Nous avons vu qu'il est permis, comme dans l'ancien droit, de maintenir à son ancienne date le privilège ou l'hypothèque qui garantit la nouvelle dette, lorsque le débiteur est le même dans les deux obligations. Il est clair que le principe devait naturellement changer dans la novation par le changement du débiteur : on ne pouvait permettre à un débiteur nouveau de consentir sur ses biens une hypothèque remontant à la date de celle qui existait sur les biens du précédent débiteur; il eût été inique de laisser un débiteur maître, en quelque sorte, d'anéantir les droits de ses créanciers hypothécaires. Aussi l'art. 1279 déclare-t-il que les priviléges et hypothèques de l'ancienne créance ne peuvent passer sur les biens du nouveau débiteur. Mais si l'hypothèque de la première dette ne peut pas être transportée sur les biens du débiteur nouveau, peut-elle au moins être maintenue sur les biens de l'ancien débiteur? Elle pourra certainement l'être si le débiteur concourt à la novation ainsi opérée. L'art. 1279 fournit à cet égard un argument *a contrario* qui nous semble très-fort. Mais allons plus loin : le créancier peut-il réserver les priviléges et hypothèques sur les biens de l'ancien débiteur sans le consentement de ce dernier?

Au premier abord on comprend que l'on puisse se

passer du consentement de l'ancien débiteur, non pas
pour établir, mais pour continuer une hypothèque
déjà existante sur ses biens ; le créancier maître de la
créance et pouvant faire novation pour le tout sans le
consentement du débiteur, a pu la faire seulement
pour l'obligation personnelle, en réservant les hypothèques, ce dont le débiteur ne peut se plaindre puisqu'il gagne à cette convention.

Cependant Pothier était d'un avis contraire : « Ob-
servez, disait-il (1), que cette translation des hypothèques de l'ancienne créance à la nouvelle ne peut
se faire qu'avec le consentement de la personne à qui
les choses hypothéquées appartiennent. » Mais ce raisonnement ne s'applique pas à la question ; il ne s'agit
pas, en effet, de la création d'une nouvelle hypothèque, mais de la translation de l'hypothèque d'une dette
à une autre. Aucun principe ne vient faire obstacle
au maintien de l'hypothèque préexistante. La preuve
qu'il ne s'agit pas de la création d'une hypothèque
nouvelle, c'est que Pothier lui-même appelle cette
opération translation de l'hypothèque d'une dette à
une autre. C'est un texte de Paul mal compris de
Pothier qui est cause de son erreur. Nous avons essayé
de démontrer, en traitant du droit romain, que la loi
30 *De novationibus*, s'occupait d'un cas autre que
celui qui nous occupe et voulait simplement dire
que si la novation avait été faite sans réserve aucune, le nouveau débiteur ne pouvait hypothéquer les

(1) Oblig., n° 599.

biens de l'ancien sans le consentement de celui-ci.

Maintenant, quel système le Code a-t-il suivi? Evidemment il a suivi celui de Pothier. Quelques auteurs (1) se refusent à le reconnaître et s'appuient sur la généralité des termes de l'art. 1278 : le créancier conserve ses hypothèques par une simple réserve qui peut être faite aussi bien hors la présence du premier débiteur qu'avec son concours. Cette opinion doit être repoussée par ceux qui cherchent, non pas ce que le Code aurait dû faire, mais ce qu'il a voulu ou entendu faire (2). Or l'intention du législateur nous paraît résulter de l'art. 1280. Cet article dit que si la novation s'opère entre le créancier et l'un des débiteurs solidaires, avec réserve des hypothèques, cette réserve ne peut avoir son effet que pour les hypothèques des biens de ce débiteur et non pour celle des biens de ses codébiteurs. Or cette règle n'est qu'une application du principe qu'un créancier ne peut réserver ses hypothèques sur les biens de son ancien débiteur sans sa participation. Si les rédacteurs adoptent la conséquence, c'est donc qu'ils admettent le principe ; il faut donc accepter la doctrine de Pothier, quoiqu'elle soit peu raisonnable. Il y a d'ailleurs dans le cas qui nous occupe un motif bien plus puissant de le décider ainsi que dans le cas de codébiteurs solidaires. On sait que les codébiteurs solidaires

(1) Toullier, t. 7, n° 312 ; MM. Duranton, t. 12, n° 311; Larombière, *Oblig.*, sur l'art. 1279

(2) Pothier, n° 599 ; Marcadé, sur l'art. 1279, n° 5 ; M. Bugnet sur Pothier, t. 2, p. 318, note 1.

peuvent être considérés comme mandataires les uns des autres *ad perpetuandam obligationem;* par conséquent on aurait pu donner effet sur les biens de tous les codébiteurs, à la réserve d'hypothèques consenties par l'un de ces débiteurs. Mais on ne pouvait étendre cet effet au cas où le débiteur qui a fait novation est complétement étranger, relativement à la dette, à l'ancien débiteur.

Nota bene. Il est question dans l'art. 879, au titre des successions, d'une espèce particulière de novation dont nous voulons dire quelques mots. La loi accorde aux créanciers du défunt le droit de demander la séparation des patrimoines pour empêcher la confusion des biens d'une succession solvable avec ceux d'un héritier insolvable. Ce droit, nous dit l'art. 879, ne peut plus être exercé lorsqu'il y a *novation* dans la créance contre le défunt, par l'acceptation de l'héritier pour débiteur. Il faut voir là une novation *sui generis.* Elle ne présente, en effet, aucun des caractères exigés par l'art. 1271 : le créancier et l'objet restent les mêmes; quant au débiteur, il ne change pas non plus, car par l'effet de la saisine l'héritier devient le représentant juridique du défunt. Il en résulte que le créancier dont la créance est garantie par des hypothèques ou des cautions qui accepte l'héritier pour débiteur conserve ses sûretés et ne perd que le droit de demander la séparation des patrimoines. Cette acceptation, dite novation par le législateur, pourra s'induire des circonstances et des actes passés par les créanciers avec l'héritier.

SECTION IV.

De la délégation.

1° De son caractère et de ses signes distinctifs.

La délégation est un contrat par lequel un débiteur, pour s'acquitter, donne à son créancier ou à quelqu'un indiqué par ce dernier, une créance sur un tiers qui s'oblige à sa place.

On distingue la délégation parfaite et la délégation imparfaite. La première a lieu lorsque le tiers demeure seul obligé envers le créancier qui consent à décharger son ancien débiteur ; la seconde, lorsque le créancier qui accepte le nouveau débiteur que lui présente son débiteur ne décharge pas ce dernier. La délégation parfaite seule opère novation, la délégation imparfaite procure au créancier l'avantage d'avoir deux débiteurs.

La délégation suppose au moins le concours de trois personnes : le débiteur délégant, le créancier qui accepte la délégation ou délégataire et le délégué qui s'oblige et devient débiteur direct du créancier. La nécessité de ce triple concours est un des signes distinctifs de la délégation et empêche de la confondre avec l'expromission qui peut s'opérer sans le concours du premier débiteur et avec la cession de créance. Nous ne reviendrons pas sur les différences qui existent entre la délégation et la subrogation: nous les avons fait connaître précédemment. Il n'est pas indispensable que le délégant, le délégué et le délégataire donnent leur consentement en même temps. Chacune de ces personnes peut adhérer plus tard à ce qui a été fait par les autres; mais lorsqu'il y a eu consentement de toutes les parties, la délégation devient irrévocable, en ce sens qu'elle ne peut plus être révoquée que du consentement de tous. Quelques auteurs pensent que le délégataire n'est saisi à l'égard des tiers, tels que les autres créanciers du délégant, que par l'acceptation du délégué dans un acte authentique ou par la signification qu'il fait de la délégation au délégué, si elle a eu lieu par acte sous seing privé (1).

Mais nous croyons que les dispositions de l'art. 1690, sur lesquelles s'appuie cette opinion, ne sont applicables qu'à la cession de créance, et qu'on doit tenir compte des différences qui existent entre la cession et la délégation.

Aux termes de l'art. 1275, pour que la délégation opère novation, il faut que le créancier déclare expressément qu'il a entendu décharger son premier débiteur. Si l'on s'en tient rigoureusement au texte de la loi, il faut décider que l'intention la plus claire d'opérer novation ne suffit pas pour éteindre la première dette, s'il n'y a une déclaration expresse du créancier. C'est la décision de quelques auteurs (2). Le législateur, disent-ils, a établi une différence évi-

----

(1) M. Larombière, sur l'art. 1276, n° 1.

(2) Zachariæ, t. 3 (Aubry et Rau). Toullier, t. 7, n° 290 ; Marcadé, sur l'art. 1275.

dente entre 1273 et 1275 ; s'il exige une déclaration
formelle du créancier dans la délégation, c'est afin
qu'on soit bien sûr qu'il a eu l'intention d'abandonner
sa créance primitive et non pas seulement d'aug-
menter ses chances d'être payé par l'accession d'un
débiteur nouveau.

Nous répondons que rien dans les travaux prépa-
ratoires du Code Napoléon n'indique qu'on ait voulu
s'écarter de la règle générale posée dans l'art. 1273,
lequel s'applique aux trois modes de novation prévus
dans l'art. 1271. D'ailleurs pourquoi le législateur
aurait-il voulu établir entre la délégation et les autres
espèces de novation une différence qui n'existait pas
dans l'ancien droit et que Pothier ne signale pas ? Nous
sommes de l'avis de ceux qui préfèrent à la lettre de la
loi, son esprit. Il faut certainement qu'aucun doute ne
s'élève sur la pensée du créancier, mais cela peut avoir
lieu sans déclaration expresse, comme par exemple s'il
avait dit qu'il accepte le délégué pour son seul débiteur. Le Code, en effet, rejette dans toutes ses dispositions la nécessité des termes sacramentels (1).

2° Des effets de la délégation

La délégation opère novation et par suite libère le
débiteur : c'est là son principal effet et celui qui la
rend d'une si grande utilité dans la pratique. Régu-
lièrement le créancier qui a accepté la délégation ne
peut plus poursuivre le délégant même au cas où le

(1) M. Durauton, t. 12, n° 509.

nouveau débiteur deviendrait insolvable. Tel est le principe rigoureux ; mais il souffre des exceptions que nous trouvons dans l'art. 1276 ainsi conçu : Le créancier qui a déchargé le débiteur par qui a été faite la délégation, n'a point de recours contre ce débiteur si le délégué devient insolvable, à moins que l'acte n'en contienne une réserve expresse, ou que le délégué ne fût déjà en faillite ouverte ou en déconfiture au moment de la délégation. Nous ferons remarquer en passant que l'article est formulé d'une façon bizarre : il dit que le créancier n'aura de recours contre le délégant, si le délégué *devient* insolvable, que *s'il était déjà* en faillite, ou en déconfiture. Cette rédaction implique contradiction dans les idées.

En droit romain, nous avons vu que le principe relatif à l'insolvabilité du délégué consistait à faire supporter tous les risques actuels et futurs par le délégataire. On exceptait les cas de vol du délégant et ceux où il déclarait faire la délégation à ses risques et périls. Cujas (1), par le rapprochement de deux textes (L. 22, p. 2, *Solut. matr.*, D. 24, 3, et la L. 41, p. 3 *De jure dot.*, D., 23, 3), crut trouver une nouvelle exception ainsi conçue : L'insolvabilité du délégué sera à la charge du délégant si elle existait déjà au moment de la délégation, et si elle était ignorée du délégataire. Mais ces textes n'établissent point une règle générale : si l'insolvabilité du délégué est à la charge de la femme délégante lorsque le mari délé-

(1) *Ad legem* 26, p. 2, Mandati.

gataire n'en avait pas connaissance au moment de la
délégation, c'est au point de vue de la restitution de
la dot et parce que le mari ne peut être forcé de
rendre plus qu'il n'a reçu. Aussi Despeisses repous-
sait-il l'opinion de Cujas. Il prétendait qu'avec ce
système la délégation n'aurait jamais l'effet de libérer
le délégant puisque le créancier dirait toujours qu'il a
ignoré l'insolvabilité du débiteur qu'on lui a délégué.
Le Code a adopté avec raison l'opinion de Cujas et
de Pothier (1). Le danger signalé par Despeisses
disparaît devant cette considération que c'est au
créancier à prouver son ignorance et qu'on n'ad-
mettra pas facilement ses allégations. Nous reconnaissons d'ailleurs que l'art. 1276 déroge aux règles
ordinaires en matière de novation. La novation est,
en effet, un mode d'extinction aussi énergique que le
payement. Le débiteur délégant, lorsque son créancier a accepté le délégué qu'il lui offrait, devrait
donc se trouver dans une situation semblable à celle
d'un débiteur qui s'est libéré en payant. Mais cette
décision est fondée avant tout sur l'équité. « La délégation, dit Pothier, renferme entre le délégant et le
créancier une convention de la classe de celles qui
sont intéressées de part et d'autre, dans lesquelles
chacun entend recevoir autant qu'il donne. L'équité
de ces conventions consiste dans l'égalité : elles sont
iniques, lorsque l'une des parties donne beaucoup et
reçoit peu à la place (2). » Par exemple, vous me devez

(1) Pothier, n° 60i.
(2) Pothier, *Oblig.*, *loc. cit.*

1,000 fr. et vous me déléguez Jacques qui vous doit la même somme, mais qui est insolvable ; la délégation est inique, car vous recevez la remise réelle de votre dette, et moi je n'ai en échange qu'une créance de peu de valeur, peut-être même tout à fait illusoire. C'est pourquoi le législateur a reculé devant une assimiliation complète de la délégation au paye‑ment en déclarant que le délégant est responsable de l'insolvabilité du délégué au moment de la délégation.

Il est bien évident qu'on ne doit appliquer l'article, quoiqu'il soit muet sur ce point, que dans les cas où, au moment de la délégation, le créancier ignorait la malheureuse position du délégué. S'il la connaissait. il ne peut s'en prendre qu'à lui-même d'avoir accepté ; d'ailleurs, il est censé avoir voulu faire une libéralité. Le délégant ne lui a fait aucun tort, puisqu'il a agi en connaissance de cause : *volenti non fit injuria.*

Faut-il conclure de ce que la loi vient au secours du créancier dans les exceptions que nous venons de voir, que l'on doive considérer comme non avenue la novation qui s'est opérée ? En un mot le créancier recouvre-t-il son ancienne action, ou bien n'a-t-il qu'une simple action en garantie contre le délégant ? La question présentera de l'intérêt si l'ancienne créance était pourvue de sûretés. tels que gages, hypothèques qui manquent à l'action en garantie.

Dans un premier système, on soutient que le délégataire, en cas d'insolvabilité actuelle du délégué, rentre dans son droit primitif. On se fonde tout d'abord

sur l'opinion de M. Bigot Préameneu dans son exposé
des motifs : « Le créancier, dit-il, pourrait aussi être
« admis à revenir contre la décharge donnée, si elle
« avait été surprise, et on le présumerait, si la per-
« sonne déléguée était déjà en faillite ouverte, ou
« tombée en déconfiture au moment de la déléga-
« tion (1). » On tire un second argument de la simi-
litude qui existe entre la dation en payement et la
novation. Lorsqu'il y a eu dation en payement, on
admet généralement, et nous l'avons admis aussi, que
l'action primitive renaît en cas d'éviction. Or le créancier qui ne peut être payé pour une cause existant lors
de la délégation, est véritablement évincé. Le mot
éviction a, en effet, un sens général et s'applique
même aux créances. On peut s'en assurer en rappro-
chant les art. 884 et 886 dans le premier desquels
l'éviction est prise dans un sens large. Les partisans
de ce système trouvent d'ailleurs un appui dans plusieurs articles du Code. L'art. 1638 permet à un acheteur de demander la résiliation de la vente, lorsque
l'héritage acheté se trouve grevé de servitudes non
apparentes d'une importance telle que s'il les avait
connues, il n'aurait probablement pas acheté. Pourquoi le délégataire ne serait-il pas traité aussi favora-
blement que l'acheteur? Il est tout aussi digne de
faveur que lui, d'autant plus qu'il n'a peut-être accepté
la délégation que comme le seul moyen de se faire

____

(1) Locré. t. 12, p. 379.

payer. Enfin l'art. 1299 offre encore une puissante raison de décider en ce sens. Il est ainsi conçu : Celui qui a payé une dette qui était de droit éteinte par la compensation ne peut plus, en exerçant la créance dont il n'a point opposé la compensation, se prévaloir au préjudice des tiers des priviléges ou hypothèques qui y étaient attachés, à moins qu'il n'ait eu une juste cause d'ignorer la créance qui devait compenser la dette. Pourquoi le délégataire ne serait-il pas aussi favorisé que celui qui paye par erreur ce qu'il ne doit pas?

Un second système, que nous croyons préférable, déclare qu'il n'y a pas nullité de la novation, et que l'ancienne créance ne saurait renaître. Son extinction est complète, radicale, indépendante des circonstances postérieures. Elle est et demeure éteinte avec tous ses accessoires. Le créancier peut seulement demander à son ancien débiteur une indemnité pour le tort que lui cause l'inexécution de l'engagement du délégué. L'opinion contraire est condamnée par le texte même de l'article : car la loi met sur la même ligne le recours exercé en cas d'insolvabilité actuelle et celui qui est exercé lorsque l'insolvabilité suit la délégation, mais que l'acte contient une réserve. Or, si dans ce dernier cas, ce qui est certain, il n'est question que d'un recours en garantie, il doit en être de même dans le premier, sans cela il faudrait dire que le mot recours a dans le même article deux sens différents; au reste, c'est précisément parce que l'ancienne action est éteinte qu'il y a lieu à une action en indemnité. Les rédacteurs ont suivi Pothier, leur guide ordinaire, qui nulle part, ne mentionne la résurrection de l'ancienne créance (1).

Mais que répondrons-nous aux arguments du premier système. Nous écarterons en premier lieu l'opinion de M. Bigot Préameneu, en faisant remarquer que son avis personnel ne peut prévaloir contre les principes de la matière : or, en règle générale, lorsque le délégataire a accepté le délégué sans réserve, le délégant est définitivement libéré, et l'action primitive est éteinte. Mais, dit-on, pourquoi en est-il autrement en cas d'éviction de la chose donnée en payement? C'est, dirons-nous, parce que l'intention de celui qui recevait la chose était d'en devenir propriétaire et que l'éviction montre qu'il ne l'a jamais été. Dans notre espèce, au contraire, le délégataire a voulu devenir créancier et il l'est toujours, quoiqu'il ne puisse se faire payer du délégué. Il ne peut donc pas être question d'éviction. Quant à l'art. 1638, on peut répondre que l'acheteur n'y acquiert qu'une partie de la propriété promise, tandis que le délégataire devient créancier en totalité; qu'au surplus la vente a des règles spéciales qu'on ne peut étendre par voie d'analogie. Enfin l'art. 1299 règle un cas plus favorable que l'art. 1276. Il prévoit l'hypothèse où une personne paye sans pouvoir connaître sa libération; elle mérite certainement plus de faveur que le déléga-

(1) Toullier, t. 7, n° 585; Pothier. n° 604; Marcadé, sur l'art. 1276; M. Duranton, t. 12, n° 527.

taire qui pouvait prendre ses précautions contre l'insolvabilité du délégué. D'ailleurs on discute la question de savoir si c'est l'ancienne action qui renaît dans le cas de l'art, 1299.

Rien ne s'oppose à ce que le créancier, par des réserves expresses, conserve à la nouvelle créance les garanties de l'ancienne. Ainsi nous croyons que l'ancienne créance renaîtrait dans le cas d'insolvabilité du délégué, si la délégation avait été faite sous cette condition résolutoire : si le délégué ne paye pas.

On peut se demander maintenant pour quel motif le législateur **a** établi une différence entre la délégation et la cession de créance au point de vue de la garantie. Le cédant n'est tenu que de garantir l'existence de la créance, peu importe que le cédé soit ou non solvable, il n'y a pas lieu à garantie. Mais, peut-on dire, il y a beaucoup d'analogie entre la cession et la délégation, car le plus souvent le délégué sera comme le cédé un débiteur du délégant. Pourquoi donc le cédant n'est-il pas tenu de garantir comme dans le cas de délégation, la solvabilité au moins actuelle? Nous répondrons que dans la délégation le délégataire rend service au délégant, car il aurait bien pu ne pas accepter la délégation : il ne cherche pas à faire un gain, il est juste qu'on lui accorde une position assez favorable. Dans la cession, au contraire, il y a une spéculation, et la loi n'aime pas les spéculateurs, les acheteurs de créances qui ne cherchent qu'à retirer le plus grand profit possible de leur marché, en poursuivant avec rigueur les débiteurs.

Qu'arrivera t-il si le délégué s'est obligé envers le délégataire dans la fausse persuasion qu'il était le débiteur du délégant? le délégué sera t-il tenu de remplir son obligation? Nous trouvons encore dans Pothier la réponse à cette question (1). Il est nécessaire avant tout d'établir une distinction : il peut arriver, en effet, ou que le délégataire soit réellement créancier du délégant, ou qu'il ne le soit pas. Dans le premier cas, le délégué ne peut se refuser à accomplir son obligation en alléguant son erreur. Le créancier ne doit pas souffrir de cette erreur *quia ille suum recepit*, comme dit la loi romaine (2). Il ne fait que retirer ce qui lui était dû par son ancien débiteur qu'il a déchargé. Ainsi le délégué n'a pour toute ressource qu'un recours contre le délégant qu'il a libéré et qui ne doit pas s'enrichir à ses dépens.

Il en serait autrement si celui envers qui le délégué s'est obligé n'était pas le créancier du délégant, soit que le délégant fût lui-même dans l'erreur, et qu'il crût à tort être débiteur, soit que sachant ne rien devoir au délégataire il ait voulu lui faire une libéralité. Dans ces deux cas le délégué peut refuser de payer en prouvant qu'il n'est point débiteur du délégant.

La raison de cette différence est facile à comprendre. Dans notre dernière hypothèse, il ne s'agit pour le légataire que de réaliser un gain : on doit donc lui préférer le délégué qui s'expose à perdre, car le délégant peut devenir insolvable, et son recours alors sera

(1) Pothier, n° 602; Toullier, t. 7, n° 519 : Marcadé sur l'art. 1275.
(2) L. 12, *De nov.* (D., 46, 2).

illusoire. Dans la première hypothèse, au contraire,
le délégataire, qui est véritablement créancier du délégant, éprouverait un préjudice, puisqu'il a déchargé
son débiteur primitif, si la personne déléguée était
déchargée de son obligation et pouvait se refuser à
payer ; on devait ici favoriser le créancier qui n'a aucune faute à se reprocher.

Le système que nous venons d'exposer est le plus
généralement admis. Cependant quelques auteurs, se
fondant sur l'art. 1377, proposent un tempérament
dans le cas où le délégataire est véritablement le
créancier du délégant (1). Si le créancier, disent-ils,
a déchargé son débiteur et détruit son titre, le délégué
ne pourra répéter ce qu'il a payé, parce que, si on
lui donnait ce droit, le créancier serait en perte ; il a,
en effet, perdu toute action contre le délégant. Mais si le
délégataire a conservé son titre, il a toujours ses droits
intacts contre son débiteur et, dès lors, il ne doit pas
pouvoir invoquer l'engagement du délégué à son profit. Nous ne saurions admettre cette opinion ; elle n'a
pour base que l'art. 1377 : or, le cas prévu par cet
article est tout différent de celui qui nous occupe :
l'art. 1377 suppose qu'une personne qui se croyait
débitrice a payé par erreur à celui qu'elle croyait son
créancier, lequel avait en réalité une créance sur un
tiers. Dans ce cas, il faut distinguer si le créancier
qui a reçu le payement a conservé ou détruit son titre.
S'il l'a conservé, ses droits sont intacts contre le

---

(1) V. Pardessus, t. [illegible] ; V. Larombière sur l'art. 1275, n° 4

débiteur qui ne peut se prévaloir d'un payement fait par erreur, et par une personne qui n'a pas eu l'intention d'éteindre sa dette. Le créancier n'a aucune raison pour retenir ce qui lui a été indûment payé.

Mais notre hypothèse est toute différente. Le créancier a reçu ce qui lui est dû, et il l'a reçu de celui qui, en vertu de la délégation, est son véritable débiteur; qu'il ait ou non conservé son titre, il n'a plus de recours contre son ancien débiteur. C'est en vain qu'il voudrait se prévaloir contre lui de la répétition exercée par le délégué, car ce n'est pas le payement mais la novation qui a éteint la dette, et, de plus, il n'y a pas lieu à répétition quand un créancier a reçu de son véritable débiteur ce qui lui était dû.

Nous avons dit que souvent le débiteur déléguait son propre débiteur afin de se libérer par l'intermédiaire de celui-ci qui se libérera en même temps lui-même. Mais la délégation peut avoir lieu dans d'autres circonstances; ainsi je puis déléguer à mon créancier celui qui veut bien s'obliger dans le seul but de me faire une libéralité, ou la personne qui consent à m'ouvrir un crédit. Dans ce dernier cas, le délégant aura pour créancier le délégué au lieu du délégataire. Lorsque celui qui se laisse déléguer est débiteur du délégant, il s'opère une double novation et l'extinction de deux dettes : celle du délégant envers le créancier, et celle du délégué envers le délégant. Il pourrait même y avoir extinction d'un plus grand nombre de dettes : il suffit de supposer une série de personnes qui toutes seraient débitrices les unes des autres de la même somme (1). Ainsi Paul doit 100 fr. à Pierre, Pierre 100 fr. à Jacques qui en doit autant à Philippe qui, lui, n'est débiteur de personne. Par des délégations successives, on arrivera à ne laisser subsister que la dette de Paul envers Philippe, et à éteindre ainsi toutes les dettes intermédiaires. On pourrait multiplier à l'infini le nombre des débiteurs, le résultat serait toujours le même. On voit par là combien la délégation peut être utile dans la pratique, et faciliter considérablement les opérations.

Par la délégation légalement opérée, le délégué est devenu le débiteur exclusif du délégataire; en conséquence, il ne peut plus lui opposer les exceptions qu'il aurait pu opposer au délégant (2). Le créancier ignore ce qui a eu lieu entre le délégant et le délégué; dans aucun cas il ne doit en souffrir; c'était au délégué à faire des réserves.

Il est évident que la même solution doit être donnée, soit que le délégué ait su, soit qu'il ait ignoré l'exception qu'il pouvait opposer à son créancier. S'il la connaissait, il est censé, par son silence, en avoir voulu faire remise; s'il ne la connaissait pas, c'est à lui de subir les conséquences de son ignorance, plutôt que le créancier qui ne fait que recevoir ce qui lui est dû. Toutefois le délégué, lorsqu'il ne peut opposer au délégataire les exceptions qu'il avait contre le délégant, a le droit de lui opposer celles que le délégant

_____

(1) Ces opérations s'appellent dans la pratique des *virements de parties*, ils ont l'avantage de simplifier les écritures.

(2) L. 19, *De nov.* (D., 46, 2).

lui-même avait contre ce créancier. Ces décisions sont celles du droit romain et de notre ancienne jurisprudence (1).

Si la délégation parfaite est subordonnée à une condition suspensive, la novation n'a pas lieu immédiatement. Tout demeure en suspens jusqu'à l'événement de la condition, et, à raison de l'incertitude où l'on se trouve relativement à celui qui sera débiteur, ni le délégant ni le délégué ne pourront être poursuivis. La condition vaut terme pour l'une et l'autre dette; le délégué ne pourra pas non plus être poursuivi par le délégant bien qu'il soit son débiteur, parce que la condition se réalisant, et avec elle la novation s'opérant, il peut devenir débiteur du délégataire.

Les créances à terme ou non échues, par exemple les loyers ou fermages à échoir, peuvent, comme les créances actuellement exigibles, être la matière d'une délégation.

(1) L. 7, *De doli except.* (D., 44, 4); Pothier, *Oblig.*, n° 601.

POSITIONS.

DROIT ROMAIN.

I. La loi 14, p. 1, *De novat.* (D. 46, 2) peut se concilier avec les lois 2, p. 2 *De capite minutis* (D. 4, 5), et 19 *De duobus reis* (D. 45, 2).

II. La novation conditionnelle purge la demeure. La loi 31 pr. *De nov.* peut se concilier avec les lois 72, § 1 *De solut.* (D. 46, 3) et 14 pr. *De nov.* (D. 46, 2).

III. La loi 27 *De pactis* (D. 2, 14), et la loi 31, §. 1, *De novat.* (D. 46, 2) sont inconciliables.

IV. Le mari peut, comme un délégataire ordinaire, poursuivre pour le tout le donateur de sa femme, qui sur l'ordre de celle-ci, s'est engagé *dotis nomine*.

V. Le mari supporte l'insolvabilité du débiteur délégué par la femme *dotis causa*, en ce sens seulement qu'il n'aura pas de recours contre elle ; mais au moment de la restitution de la dot, il ne rendra que ce qu'il a pu retirer du débiteur.

VI. Le § 179 de Gaïus (Com. 3) peut se concilier avec la loi 30, §. 2 *De pactis* (D. 2, 14).

VII. Le pupille contractait une obligation naturelle,

lorsqu'il promettait *sine tutoris auctoritate*. Ce fut là un progrès de la jurisprudence postérieure à Antonin le Pieux. Cette obligation naturelle existait non-seulement à l'encontre des tiers, mais encore à l'encontre du pupille lui-même.

DROIT FRANÇAIS.

I. Le mari ne peut, sous le régime de la communauté, nover les créances mobilières propres à sa femme.

II. Le créancier évincé de la chose donnée en payement peut exercer son ancienne créance avec toutes ses garanties, sauf le cautionnement.

III. Lorsque le débiteur d'une somme exigible s'engage à fournir en remplacement une rente perpétuelle, il y a novation.

IV. Lorsque le délégué était en faillite ouverte ou tombé en déconfiture au moment de la délégation, le délégataire ne recouvre pas son ancienne créance contre le délégant; son droit se borne à lui demander des dommages-intérêts.

V. Le fait par un vendeur de recevoir de son acheteur des lettres de change opère novation, et fait perdre à ce vendeur son privilége et son action résolutoire.

VI. Le mariage contracté entre oncle et nièce,

beau-frère et belle-sœur, ne peut avoir pour effet de légitimer les enfants nés de leur commerce antérieur.

VII. L'enfant renonçant ne compte pas pour le calcul de la réserve.

VIII. L'article 1305 en déclarant le mineur restituable pour cause de lésion, entend parler du mineur agissant seul.

IX. L'hypothèque qui garantit une ouverture de crédit date du jour de l'inscription prise après la formation du contrat et non pas seulement à partir de la réalisation.

HISTOIRE DU DROIT.

I. Le principe de l'hérédité à la couronne a pris naissance par suite de l'habitude qu'eurent les premiers Capétiens, d'associer de leur vivant, leur fils aîné au trône.

II. L'institution contractuelle est d'origine germanique.

DROIT CRIMINEL.

I. La circonstance personnelle aggravante pour l'auteur du crime influe sur la pénalité à infliger au complice.

II. L'interdiction légale ne s'applique pas aux condamnations par contumace.

DROIT DES GENS.

I. La grande naturalisation a cessé d'exister.

II. Les meubles des ambassadeurs ne peuvent être saisis.

Le président de la thèse,
F. DURANTON.

Vu : le doyen de la Faculté,
C. A. PELLAT.

Permis d'imprimer,
Le vice-recteur,
A. MOURIER.

TABLE DES MATIÈRES.

DROIT ROMAIN.

DROIT FRANÇAIS.

Paris. — Imprimé par E. Thunot et Cⁱᵉ, rue Racine, 26.

www.ingramcontent.com/pod-product-compliance
Lightning Source LLC
LaVergne TN
LVHW012246170726
843503LV00002B/446